DUXING CHINESE

笃行中文

毛通文 黄建军/主编

厦门大学出版社 XIAMEN UNIVERSITY PRESS 国家一级出版社 全国百佳图书出版单位

图书在版编目(CIP)数据

笃行中文.1/毛通文,黄建军主编.—厦门:厦门大学出版社,2021.11
ISBN 978-7-5615-8400-2

Ⅰ.①笃… Ⅱ.①毛… ②黄… Ⅲ.①汉语—对外汉语教学—教材 Ⅳ.①H195.4

中国版本图书馆 CIP 数据核字(2021)第 228398 号

出 版 人 郑文礼
责任编辑 刘 璐
封面设计 蔡炜荣
技术编辑 朱 楷

出版发行 厦门大学出版社
社　　址 厦门市软件园二期望海路 39 号
邮政编码 361008
总　　机 0592-2181111 0592-2181406(传真)
营销中心 0592-2184458 0592-2181365
网　　址 http://www.xmupress.com
邮　　箱 xmup@xmupress.com
印　　刷 厦门集大印刷有限公司

开本 787 mm×1 092 mm 1/16
印张 11.75
插页 1
字数 210 千字
版次 2021 年 11 月第 1 版
印次 2021 年 11 月第 1 次印刷
定价 58.00 元

本书如有印装质量问题请直接寄承印厂调换

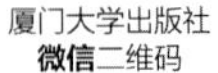

厦门大学出版社
微信二维码

厦门大学出版社
微博二维码

《笃行中文》1

主　　编：毛通文　黄建军

分册主编：黄建军　高　波　孟广洁（第一册）

　　　　　刘　瑜　邓　军（第二册）

　　　　　王肖玥　阮晶晶（第三册）

　　　　　阮晶晶　余　雯（第四册）

编　　委：（按姓氏笔画排序）

　　　　　于　群　马翠华　王　苇　王　盈　王肖玥　王维丽

　　　　　尹小玲　邓　军　田　禹　刘　瑜　刘志义　阮晶晶

　　　　　李　逊　杨可祯　余　雯　汪　婷　张　丹　张　娜

　　　　　邵雪琪　周　瑶　孟广洁　郝　静　胡　婷　党瑞霞

　　　　　徐丽丽　高　波　康国旗　程洋洋

编写说明

《笃行中文》(1～4)由厦门大学汉语国际推广南方基地与泰国皇太后大学孔子学院联合编写。本套教材的主要教学对象是国外大学非汉语专业本科生及中学生。教材以中国教育部中外语言交流合作中心《新汉语水平考试HSK大纲(一～六级)》为依据，贯彻"考教结合""以考促教""以考促学"的理念，注重培养学生学习汉语的兴趣和中文实际应用能力。教材每册包含约300个汉语词汇和相应的语法知识，带"*"的生词为超纲词；按课堂教学45课时、课后练习45课时设计。学生学完第一册可达到HSK二级水平，学完第二册可达HSK三级水平，学完第三、四册可达HSK四级水平。

为了方便学生课后练习中文，我们专门设计了适合学生使用的网上练习与测试系统，学生可以方便地在电脑和手机上完成课后练习及测试，并可模拟HSK。

本套教材汲取了厦门大学各共建孔子学院多年的教学经验，以培养学生的听力和阅读能力为重点，兼顾汉字知识和与课文相关的中国文化知识。限于编者学识，疏漏谬误在所难免，恳请识者不吝赐教！

本教材在编写过程中得到厦门大学国际中文教育学院夏国香、刘玉川、彭涛老师的大力支持，泰国皇太后大学孔子学院于群老师对本套教材做了系统的审校；在编写各课"走近中国"栏目时，参考了百度百科中的"十二生肖""二十四节气""科举制""文房四宝""指南针"等条目，并做了改写；"汉字"栏目参考了《体验汉字(入门篇)》和《新实用汉语课本(第一册)》等教材，也做了相应改写，特此致谢！

《笃行中文》编写组

2020年12月10日

词类简称表
ABBREVIATIONS

noun	*n.*	名词 míngcí
verb	*v.*	动词 dòngcí
adjective	*adj.*	形容词 xíngróngcí
numeral	*num.*	数词 shùcí
measure word	*m.*	量词 liàngcí
pronoun	*pron.*	代词 dàicí
adverb	*adv.*	副词 fùcí
preposition	*prep.*	介词 jiècí
conjunction	*conj.*	连词 liáncí
particle	*part.*	助词 zhùcí
interjection	*int.*	叹词 tàncí
auxiliary verb	*aux.*	能愿动词 néngyuàn dòngcí

目录
CONTENTS

Nǐ hǎo
第一课　你　好

学习目标 Learning Objectives

1. 认读由声母 b、p、m、f、d、t、n、l、g、k、h 和韵母 a、o、e、i、u、ü、ai、ei、ui、ao、ou、iu、ie、üe、er 相拼构成的全部音节

Recognize all the syllables consisting of b, p, m, f, d, t, n, l, g, k, h and a, o, e, i, u, ü, ai, ei, ui, ao, ou, iu, ie, üe, er

2. 学会简单的交际用语

Learn to use simple greetings

3. 学会介绍身份和国籍

Learn to introduce identity and nationality

课文 1 Text 1

（一）

Nǐ hǎo!
A：你 好！

Nǐ hǎo!
B：你 好！

（二）

Nín hǎo!
A：您 好！

Nǐmen hǎo!
B：你们 好！

（三）

Tóngxuémen hǎo!
A：同学们好！
Lǎoshī hǎo!
B：老师好！

（四）

Zàijiàn!
A：再见！
Zàijiàn!
B：再见！

（五）

Xièxie nǐ!
A：谢谢你！
Bú kèqi!
B：不客气！

（六）

Duìbuqǐ!
A：对不起！
Méi guānxi!
B：没关系！

词汇 1 Vocabulary 1

1	你	nǐ	*pron.*	you (singular)
2	好	hǎo	*adj.*	good, well
3	您	nín	*pron.*	you (show respect to an elder or superior)
4	你们	nǐmen	*pron.*	you (plural) 你：you (singular) 们：plural marker for pronouns and a few animate nouns

5	同学	tóngxué	*n.*	classmate 同：same　学：to study, to learn
6	老师	lǎoshī	*n.*	teacher
7	再见	zàijiàn		good bye 再：again　见：to meet
8	谢谢	xièxie		thank you
9	不客气	bú kèqi		you are welcome
10	对不起	duìbuqǐ		I am sorry
11	没关系	méi guānxi		that's all right

课文 2　Text 2

Wáng Zhōng：Nǐ hǎo!
王　中：你好！

Gāo lǎoshī：Nǐ hǎo!
高　老师：你好！

Wáng Zhōng：Qǐngwèn nǐ shì xuésheng ma?
王　中：请问你是学生吗？

Gāo lǎoshī：Bú shì, wǒ shì lǎoshī.
高　老师：不是，我是老师。

词汇 2　Vocabulary 2

1	王中	Wáng Zhōng	*n.*	a Chinese name
2	高	Gāo	*n.*	a Chinese surname
3	请问	qǐngwèn		excuse me (for inquiry) 请：(polite)please　问：to ask
4	是	shì	*v.*	be (am /are /is)
5	学生	xuésheng	*n.*	student
6	吗	ma	*part.*	a particle word used at the end of a question
7	不	bù	*adv.*	not
8	我	wǒ	*pron.*	I, me

课文 3 Text 3

Wáng Zhōng: Tóngxué, nǐ hǎo! Qǐngwèn nǐ jiào shénme míngzi?
王　中：同学，你好！请问你叫什么名字？

Wáng Yuè: Nǐ hǎo! Wǒ xìng Wáng, jiào Wáng Yuè.
王　月：你好！我姓王，叫王月。

Wáng Zhōng: Nǐ shì nǎ guó rén?
王　中：你是哪国人？

Wáng Yuè: Wǒ shì Zhōngguó rén.
王　月：我是中国人。

词汇 3 Vocabulary 3

1	叫	jiào	*v.*	to be called
2	什么	shénme	*pron.*	what
3	名字	míngzi	*n.*	name
4	王月	Wáng Yuè	*n.*	a Chinese name
5	姓	xìng	*v.*	one's surname is
6	王	Wáng	*n.*	a Chinese surname
7	哪	nǎ	*pron.*	which
8	国	guó	*n.*	nation
9	人	rén	*n.*	human, person
10	中国	Zhōngguó	*n.*	China

注　释 Notes

一、"不"的变调（Variations of "不"）

"不"的原调是四声，当后面紧跟一个读四声的音节时会变成二声。例如：

The original tone for “不” is the 4th. When followed by another 4th tone syllable, the tone would be the 2nd. For example,

bú shì	bú qù	bú jiàn
bù tīng	bù shuō	bù chī
bù dé	bù hé	bù néng
bù hǎo	bù guǎn	bù xiǎng

二、疑问代词“什么”“哪”（The Interrogative Pronouns“什么”and“哪”）

（一）“什么”是疑问代词，通常用来表示疑问。例如：

The Mandarin Chinese word for “what” is “什么”. It is most commonly used as a question word. For example,

你叫什么名字?

（二）“哪”用在疑问句中的结构形式为：哪 + 量词 / 名词 + 名词。例如：

When the interrogative pronoun “哪” is used in a question, the structure is “哪 + measure word/noun + noun”. For example,

你是哪国人?

语法 Grammar

“是”字句（Sentence Pattern of“是”）

“是”字句用以表示事物的状态和引入，基本结构是“A 是 B”。其中动词“是”连接前后的主语和宾语，其否定形式是“不是”。句末加“吗”表示是非问，需要用肯定或否定来回答。例如：

The sentence pattern of “是” is used as a statement or introduction. In an “A 是 B” sentence, the verb “是” is used to connect the subject and the object. Its negative form is made by putting “不” before the verb “是”. Adding “吗” at the end of the sentence makes a yes-no question. For example,

主语（Subject）	谓语（Predicate）			
	（不）	是	宾语（Object）	助词（Particle）
你		是	学生	吗?
我		是	学生。	
我	不	是	学生。	
你		是	中国人	吗?
我		是	中国人。	
我	不	是	中国人。	

语音 Phonetics

汉语的音节（Chinese Syllables）

汉语的音节一般由声母、韵母、声调三部分组成。汉语的音节可以没有声母，但是一定要有韵母和声调。

A Chinese syllable is usually made up of an initial, a final and a tone. A Chinese syllable can have no initial, but must have a final and a tone.

（一）声母（Initials）

b p m f d t n l g k h

（二）韵母（Finals）

ɑ o e i u ü ɑi ei ui ɑo ou iu ie üe er

	b	p	m	f	d	t	n	l	g	k	h
ɑ	bɑ	pɑ	mɑ	fɑ	dɑ	tɑ	nɑ	lɑ	gɑ	kɑ	hɑ
o	bo	po	mo	fo							
e					de	te	ne	le	ge	ke	he
i	bi	pi	mi		di	ti	ni	li			
u	bu	pu	mu	fu	du	tu	nu	lu	gu	ku	hu
ü							nü	lü			

ai	bai	pai	mai		dai	tai	nai	lai	gai	kai	hai
ei	bei	pei	mei	fei	dei	tei	nei	lei	gei		hei
ui					dui	tui			gui	kui	hui
ao	bao	pao	mao		dao	tao	nao	lao	gao	kao	hao
ou		pou	mou	fou	dou	tou	nou	lou	gou	kou	hou
iu			miu		diu		niu	liu			
ie	bie	pie	mie		die	tie	nie	lie			
üe							nüe	lüe			
er											

（三）声调（Tones）

Syllable	=	Initial	+	Final	+	Tone
mā	=	m	+	a	+	─
má	=	m	+	a	+	╱
mǎ	=	m	+	a	+	∨
mà	=	m	+	a	+	╲

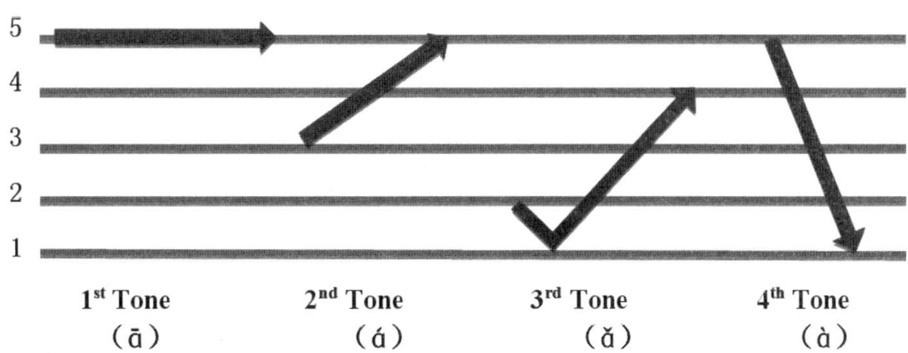

汉字 Chinese Characters

一、汉字知识（Knowledge of Chinese Characters）

Chinese character is a writing symbol system for the Chinese language, which has a history of more than 6000 years, and it is one of the earliest characters in the world. Chinese character is a typical logogram (meaning-phonetic) character, and generally a single character and a single sound expresses the meaning. Modern Chinese characters are divided into traditional characters and simplified characters. Simplified characters will be introduced here.

Chinese characters appear to be rather complicated, but actually they are made up of simple strokes. A stroke starts from the pen beginning to write until it leaves the paper. There are six basic strokes in Chinese characters as follows:

1		横 héng	horizontal stroke
2		竖 shù	vertical stroke
3		撇 piě	down stroke to the left (left-falling)
4		捺 nà	down stroke to the right (right-falling)
5		点 diǎn	dot
6		提 tí	upward stroke

二、学写基本汉字（Learn to Write Basic Chinese Characters）

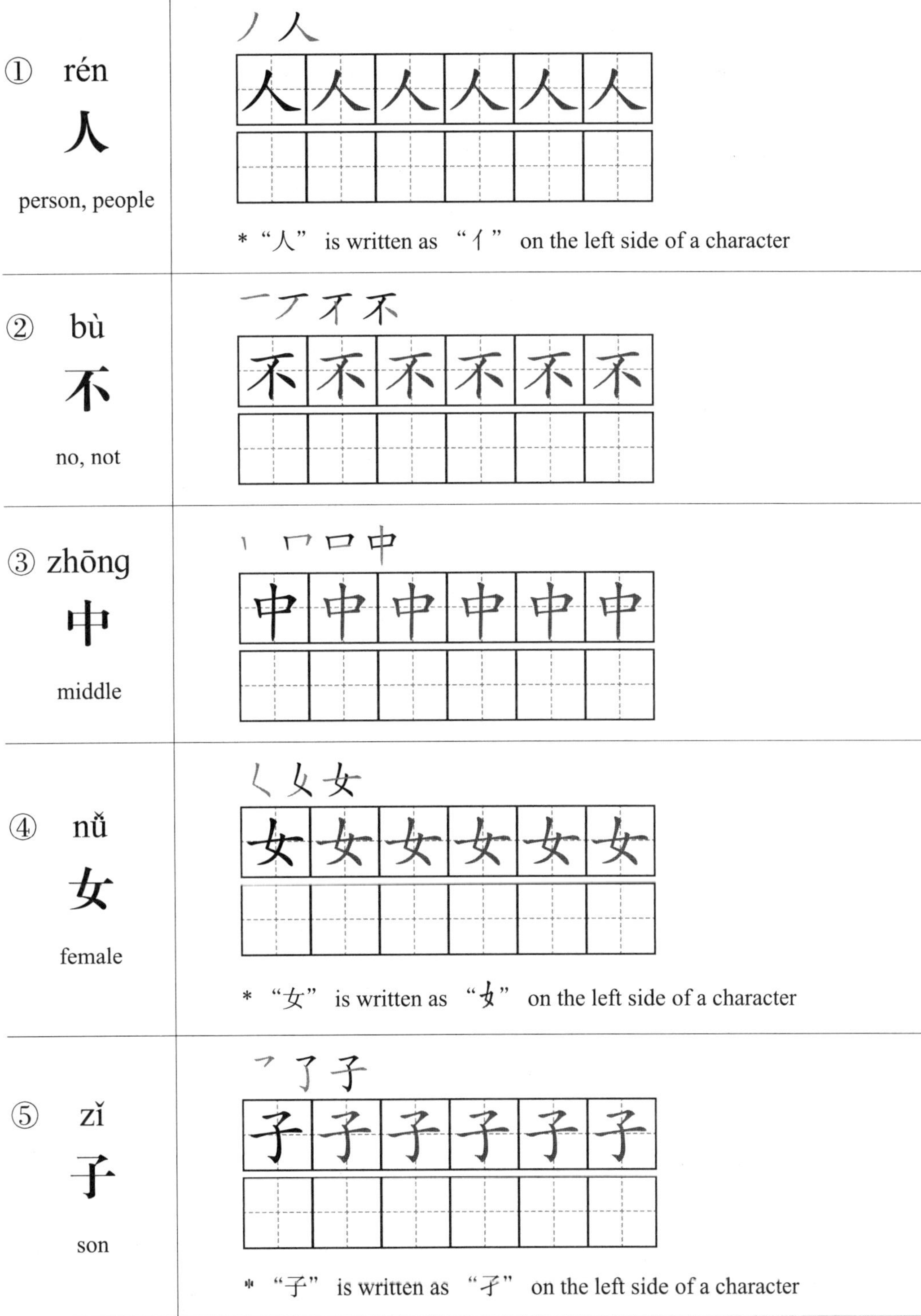

① rén 人 person, people	丿 人 人 人 人 人 人 人 * “人” is written as “亻” on the left side of a character
② bù 不 no, not	一 丆 不 不 不 不 不 不 不 不
③ zhōng 中 middle	丨 冂 口 中 中 中 中 中 中 中
④ nǚ 女 female	𡿨 女 女 女 女 女 女 女 女 * “女” is written as “女” on the left side of a character
⑤ zǐ 子 son	乛 了 子 子 子 子 子 子 子 * “子” is written as “子” on the left side of a character

三、认写汉字（Learn and Write Chinese Characters）

	Stroke order / Practice	
① nǐ 你 you	丿 亻 亻' 亻⺈ 亻⺈亅 你 你 你 你 你 你 你 你	（　　）们 （　　）好！ （　　）是学生吗？
② hǎo 好 good, well	ㄑ 女 女 女⼀ 女⼀亅 好 好 好 好 好 好 好	你（　　）！
③ shén 什 an interrogative pronoun	丿 亻 亻一 什 什 什 什 什 什 什	（　　）么
④ jiàn 见 to meet	丨 冂 贝 见 见 见 见 见 见 见	再（　　）！
⑤ wǒ 我 I, me	㇒ 二 于 手 手丶 我 我 我 我 我 我 我 我	（　　）是老师。 （　　）叫王月。 （　　）是中国人。

走近中国 A Touch of China

中国人的日常交往

中国是一个文明古国，人们的日常交往十分讲究礼貌。熟人之间见面总会说一声“你好！”对长辈要用尊称说“您好！”在路上遇到熟人还会询问对方“去哪里？”“吃过饭没有？”

说这些话只是对朋友表示一种关切，有时并非真的想知道对方的生活细节。如果你碰到这种情况，可以根据与对方关系的密切程度给予具体或笼统的回答，对方一般不会再追问，你也不至于失礼。

Greetings Among Chinese People

China is a country with an ancient civilization. People value politeness highly in their daily communication. Acquaintances always greet each other politely when they meet. To the elderly people should greet them with honorific expressions. Acquaintances also use such questions such as “Where are you going?” or “Have you had dinner?” to greet others.

Sometimes this is just a way of showing concern for ones’ friend instead of probing into others’ privacy. If you encounter such a situation, you can give a specific or general answer based on how closc you are with the other party. Usually, the other party won’t ask again and your response is also appropriate.

学而时习之 Practice Makes Progress

（一）朗读音节（Read the syllables）

kělè	hěngāo	dìyī	pǎobù
háiyǒu	nǔlì	nǚhái	dàfó
bùmǎi	búmài	hàipà	bàokǎo
gǎigé	pèihé	hēibái	lǜdì

（二）选词填空（Fill in the blanks with the correct option）

shénme	hǎo	nǎ	xièxie	bú
A. 什么	B. 好	C. 哪	D. 谢谢	E. 不

nǐ !
1.（　　）你！

Nǐ shì guó rén?
2. 你是（　　）国人？

kèqi !
3.（　　）客气！

Nǐ !
4. 你（　　）！

Nǐ jiào míngzi?
5. 你叫（　　）名字？

（三）替换练习（Pattern drills）

Nǐ hǎo!
1. 你好！

Nín	Nǐmen
您	你们
Tóngxuémen	Lǎoshī
同学们	老师

Wǒ shì lǎoshī .
2. 我是老师。

xuésheng	Zhōngguó rén
学生	中国人
Wáng Yuè	Wáng Zhōng
王月	王中

（四）句子匹配（Match the sentences）

Duìbuqǐ !
A. 对不起！

Nǐ jiào shénme míngzi?
B. 你叫什么名字？

Zàijiàn!
C. 再见！

Nǐ shì nǎ guó rén ?
D. 你是哪国人？

Xièxie nǐ!
E. 谢谢 你!

Nǐ shì xuésheng ma?
F. 你 是 学 生 吗?

Wǒ shì Zhōngguó rén.
1. 我 是 中 国 人。 ( )

Méi guānxi!
2. 没 关 系! ( )

Zàijiàn!
3. 再 见! ( )

Wǒ jiào Wáng Yuè.
4. 我 叫 王 月。 ( )

Bú kèqi!
5. 不 客气! ( )

Wǒ bú shì xuésheng. Wǒ shì lǎoshī.
6. 我 不 是 学 生。我 是 老师。 ( )

（五）看句子选图（Choose the right picture according to the sentence）

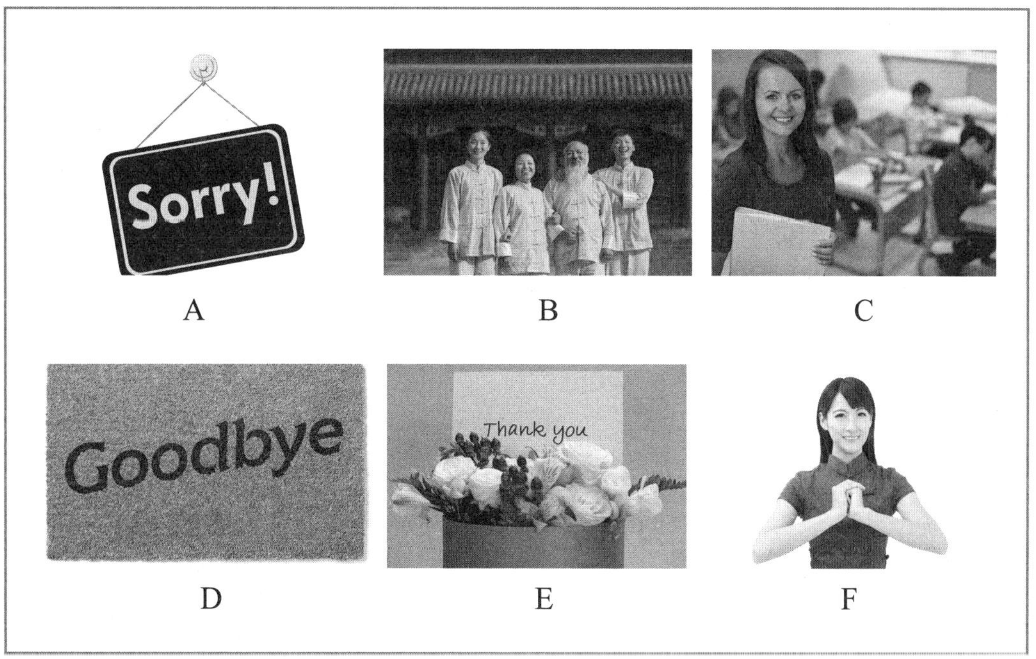

A B C

D E F

Wǒ shì lǎoshī.
1. 我 是 老师。 (　　)

Xièxie nǐ!
2. 谢 谢 你! (　　)

Duìbuqǐ!
3. 对不起! (　　)

Tāmen shì Zhōngguó rén.
4. 他 们 是 中 国 人。 (　　)

Zàijiàn!
5. 再 见! (　　)

Wǒ jiào Wáng Yuè.
6. 我 叫 王 月。 (　　)

Wǒ de jiārén
第二课　我的家人

学习目标 Learning Objectives

1. 认读由声母 j、q、x、z、c、s、zh、ch、sh、r、y、w 和韵母 an、en、in、un、ün、ang、eng、ing、ong 相拼构成的全部音节

Recognize all the syllables consisting of j, q, x, z, c, s, zh, ch, sh, r, y, w and an, en, in, un, ün, ang, eng, ing, ong

2. 理解并掌握家庭成员的称呼

Understand and learn how to address family members

3. 学会介绍家人，回答有关家庭情况的简单问题

Learn to introduce and answer simple questions about your family

课文 1 Text 1

Gāo lǎoshī: Nǐ jiā yǒu jǐ kǒu rén?
高 老师：你 家 有 几 口 人？

Wáng Yuè: Wǒ jiā yǒu sì kǒu rén.
王 月：我 家 有 四 口 人。

Gāo lǎoshī: Nǐ yǒu gēge ma?
高 老师：你 有 哥哥 吗？

Wáng Yuè: Wǒ méiyǒu gēge, wǒ yǒu yí gè dìdi.
王 月：我 没 有 哥哥，我 有 一个弟弟。

词汇 1　Vocabulary 1

1	家	jiā	*n.*	home
2	有	yǒu	*v.*	have,has
3	几	jǐ	*pron.*	how many
			num.	several
4	口	kǒu	*m.*	a measure word for family members（HSK3 Word）
5	四	sì	*num.*	four
6	哥哥	gēge	*n.*	elder brother
7	没	méi	*v.*	no
			adv.	not
8	一	yī	*num.*	one
9	个	gè	*m.*	a measure word of a person,etc.
10	弟弟	dìdi	*n.*	younger brother

课文 2　Text 2

Nàge rén shì shuí?
A：那个 人 是 谁？

Tā shì wǒ zhàngfu.
B：他 是 我 丈 夫。

Zhège háizi shì nǐ érzi ma? Tā jǐ suì?
A：这个 孩子 是 你 儿子 吗？他 几岁？

Shì wǒ érzi, tā liǎng suì.
B：是 我 儿子，他 两 岁。

Zhège rén shì shuí?
A：这个 人 是 谁？

Tā shì wǒ māma.
B：她 是 我 妈妈。

Nǐ māma duō dà?
A：你妈妈多大？

Tā liùshíbā suì.
B：她六十八岁。

词汇 2 Vocabulary 2

1	那个	nàge	*pron.*	that
2	谁	shuí/shéi	*pron.*	who, whom
3	他	tā	*pron.*	he, him
4	丈夫	zhàngfu	*n.*	husband
5	这个	zhège	*pron.*	this
6	孩子	háizi	*n.*	child, children
7	儿子	érzi	*n.*	son
8	岁	suì	*m.*	age, year
9	两	liǎng	*num.*	two
10	她	tā	*pron.*	she, her
11	妈妈	māma	*n.*	mom
12	多大	duō dà		how old
13	六	liù	*num.*	six
14	十	shí	*num.*	ten
15	八	bā	*num.*	eight

课文 3 Text 3

Wǒ jiào Dàwèi, jīnnián shíjiǔ suì, Měiguó rén. Wǒ jiā yǒu wǔ kǒu rén, bàba, māma, jiějie, mèimei hé wǒ. Wǒ bàba hé māma shì lǎoshī. Jiějie, mèimei hé wǒ shì xuésheng. Wǒ jiějie èrshísān suì, mèimei shíqī suì.
我叫大卫，今年十九岁，美国人。我家有五口人，爸爸、妈妈、姐姐、妹妹和我。我爸爸和妈妈是老师。姐姐、妹妹和我是学生。我姐姐二十三岁，妹妹十七岁。

Wǒ ài wǒ de jiārén.
我爱我的家人。

词汇 3 Vocabulary 3

1	大卫	Dàwèi	*n.*	David(name)
2	今年	jīnnián	*n.*	this year 今：this, modern　年：year
3	九	jiǔ	*num.*	nine
4	美国	Měiguó	*n.*	America
5	五	wǔ	*num.*	five
6	爸爸	bàba	*n.*	dad
7	姐姐	jiějie	*n.*	elder sister
8	妹妹	mèimei	*n.*	younger sister
9	和	hé	*conj.*	and
10	二	èr	*num.*	two
11	三	sān	*num.*	three
12	七	qī	*num.*	seven
13	爱	ài	*v.*	to love
14	的	de	*part.*	a structural particle

注 释 Notes

一、疑问代词“几”（The Interrogative Pronoun “几”）

疑问代词“几”用来询问数量的多少，一般用于询问 10 以下的数字。例如：

The interrogative pronoun “几” is used to ask about a number, usually less than 10. For example,

你家有几口人？

你女儿几岁？

二、“一”的变调（Variations of “一”）

“一”的原调是一声，单独用或者用在词句末尾，读原调。当后面紧跟一个读四声的音节时会变成二声；在后面紧跟着的音节是一声、二声、三声时变为四声。例如：

The original tone for “一” is the 1st. When used alone, at the end of a word or a sentence, the original tone applies; when followed by another 4th tone syllable, the tone would be the 2nd; when followed by another 1st, 2nd, 3rd tone syllables, the tone would also be the 4th. For example,

yí piàn	yí gè	yí kuài
yì jiān	yì bēi	yì tiān
yì hú	yì qún	yì tiáo
yì chǎng	yì gǔ	yì bǎ

三、“多+大”表示疑问（The Interrogative Phrase “多+大”）

“多+大”在句中表示疑问，用于询问年龄，多用于询问超过10岁的人的年龄。例如：

“多+大” is used to ask about one's age. It is usually used to ask someone who appears to be more than 10 years old. For example,

你妈妈多大？

你儿子多大？

语法 Grammar

一、“有”字句（Sentence Pattern of “有”）

“有”字句通常表示领有，其否定形式为“没有”。句末加“吗”表示是非问，需要用肯定或否定来回答。例如：

“有” is used to indicate possession. The negative form of “有” is “没有”. When “吗” is added at the end of the sentence, a yes-no question is formed. For example,

主语（Subject）	（没）有	名词（Noun）	
你	有	哥哥	吗？
我	有	哥哥。	
我	没有	哥哥。	

二、结构助词“的”（The Structural Particle “的”）

名词 / 代词 + 的 + 名词：表示一种所属关系。当“的”后面的名词是亲属称谓词时，“的”可以省略。例如：

The structure “noun/pronoun+ 的 +noun” indicates possession. When the noun following “的” is a term of kinship , “的” can be omitted. For example,

他是我的爸爸。/ 他是我爸爸。

这个孩子是你的儿子吗？ / 这个孩子是你儿子吗？

语 音 Phonetics

（一）声母（Initials）

j q x z c s zh ch sh r y w

（二）韵母（Finals）

an en in un ün ang eng ing ong

ian iao üan iang iong ua uo uai uan uang ueng

	an	in	ang	i	ia	iao	ian	iang	eng	iong
j		jin		ji	jia	jiao	jian	jiang		jiong
q		qin		qi	qia	qiao	qian	qiang		qiong
x		xin		xi	xia	xiao	xian	xiang		xiong
z	zan		zang	zi					zeng	
c	can		cang	ci					ceng	
s	san		sang	si					seng	
zh	zhan		shang	zhi					zheng	
ch	chan		chang	chi					cheng	

	an	in	ang	i	ia	iao	ian	iang	eng	iong
sh	shan		shang	shi					sheng	
r	ran		rang	ri					reng	
y	yan	yin	yang	yi	ya	yao	yan	yang	ying	yong
w	wan		wang						weng	

（三）轻声（Neutral Tone）

汉语中有些音节不带声调，念得很轻、很短。这样的音节叫轻声。例如：

Some syllables in Chinese are toneless and are pronounced light and short. These syllables are called neutralized tones or neutral tones. For example,

māma	yīfu	xiūxi	dōngxi
nǎinai	jiějie	nǐmen	yéye
bàba	dìdi	mèimei	dìfang

（四）儿化（Non-syllabic "r"）

汉语普通话和某些方言中的一种语音现象，即后缀"儿"字不自成音节，使前一音节韵母成为卷舌韵母。例如：

The non-syllabic "r", a suffix after nouns and sometimes verbs, causes a retroflexion of the preceding vowel, is typical in standard Mandarin and some dialects in China. For example,

huār　zhèr　nàr　nǎr　xiǎoháir　pínggàir

汉字 Chinese Characters

一、汉字知识（Knowledge of Chinese Characters）

Basic Rules of the Stroke Order

A Chinese character is made up of various strokes arranged in strict order. The direction and sequence of strokes are called order of strokes. Mastery of the proper stroke order contributes to the rapid and beautiful writing. Here are the basic rules of stroke order:

General principles	Example	Stroke order
Horizontal stroke first, vertical stroke second	十	一 十
Left-falling stroke first, right-falling stroke second	人	丿 人
Upper stokes first, lower strokes second	不	一 丆 不 不
Left stokes first, right strokes second	你	丿 亻 亻 你 你 你 你
Outer strokes first, inner strokes second	见	丨 冂 贝 见
Outer strokes first, inner strokes second, closing stroke at the bottom at last	国	丨 冂 冂 冃 冃 国 国 国
Central strokes first, peripheral strokes second	小	亅 小 小

二、学写基本汉字（Learn to Write Basic Chinese Characters）

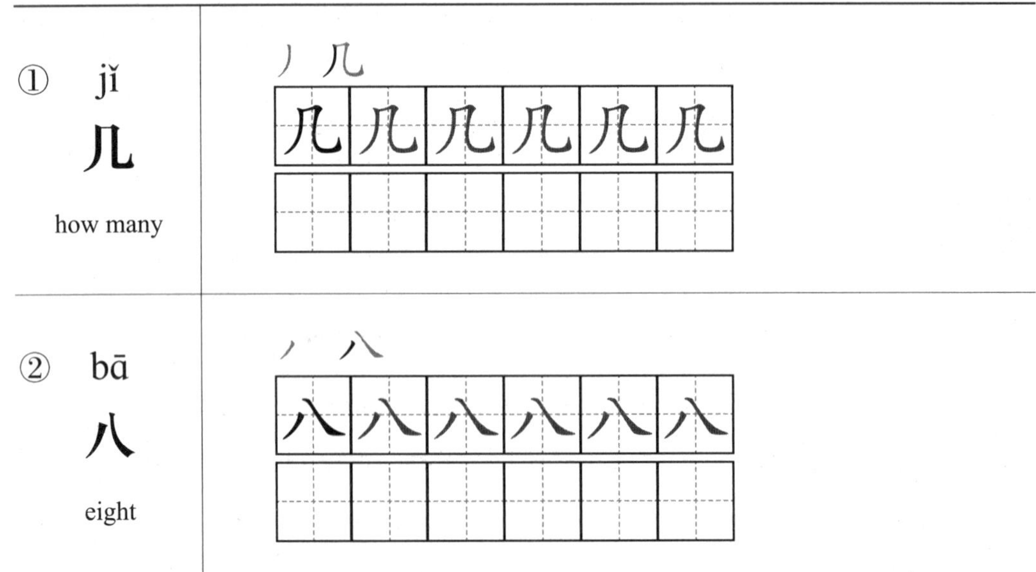

① jǐ 几 how many

丿 几

② bā 八 eight

丿 八

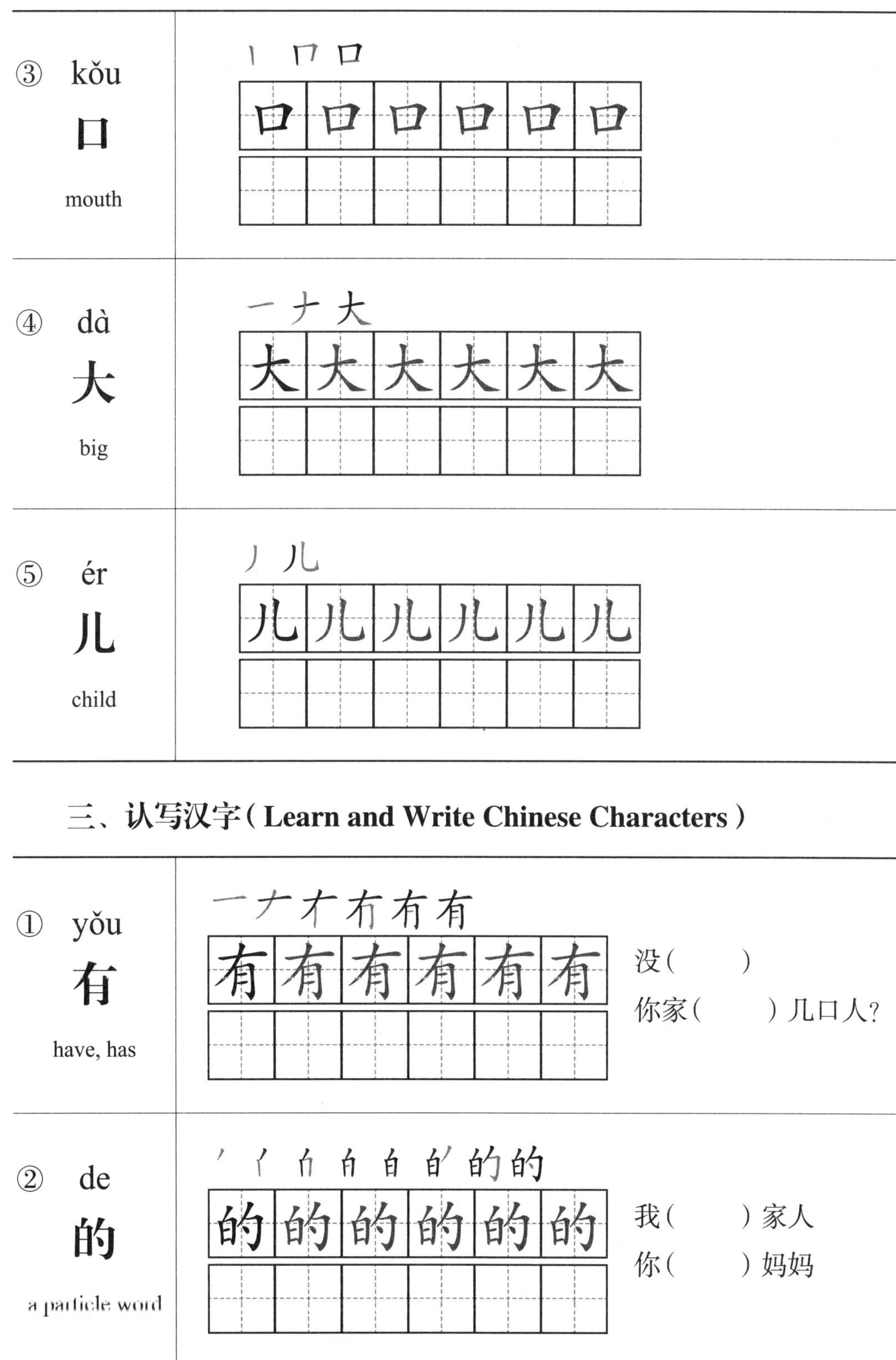

三、认写汉字（Learn and Write Chinese Characters）

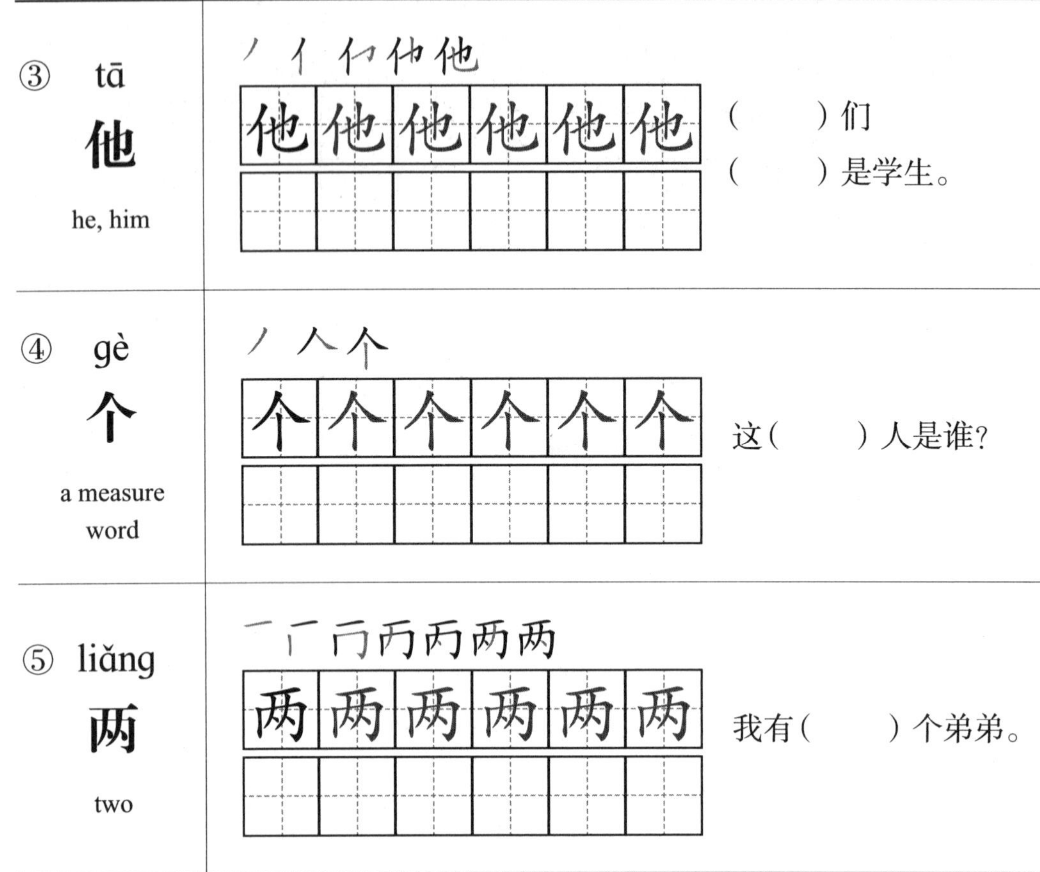

走近中国　A Touch of China

中国人的家庭观念

传统上，中国人喜欢大家庭，觉得一大家子人和睦地生活在一起是很幸福的事，有的家庭甚至是四世同堂。这主要是因为古代中国是一个农业社会，更多的人就意味着更多的劳动力和帮手，所以一直以来中国人都很重视家族的繁衍和团结。

在中国，一个大家族中的亲属众多，所以就有了很多的亲属称谓。中国的亲属称谓主要是根据父亲和母亲的姻亲关系区分，例如在汉族中，爸爸的兄弟根据长幼，要分为“伯伯”和“叔叔”，妈妈的兄弟要称为“舅舅”，根据长幼还可以分为“大舅”和“小舅”。那么你知道怎么称呼爸爸或者妈妈的姐妹吗？

Family Values of Chinese People

Traditionally, Chinese people preferred a big family living together in harmony and believed it to be a blessing. Some families even have four generations living under the same roof. This is mainly because ancient China was an agricultural society, more people meant more labor and helpers, so Chinese people have always attached great importance to reproduction and unity of a family.

In China, there are a large number of titles for relatives in a big family. The kinship in China is mainly based on the in-law relationship between father and mother. For example, in the Han ethnic group, father's brothers are divided into "older uncle" (bobo) and "younger uncle" (shushu) according to their age. Mother's brothers can also be divided into "older uncle" (dajiu) and "younger uncle" (xiaojiu). Here is a question for you: do you know how to address your father or mother's sisters?

学而时习之 Practice Makes Progress

(一)朗读音节(Read the syllables)

míngtiān	jiānglái	dōngbian	sēnlín
gānjìng	cídiǎn	xìtǒng	xiànzài
xiàtiān	xiūxi	céngjīng	cāntīng
qīngzǎo	jiǒngpò	zánmen	xiǎoháir

(二)选词填空(Fill in the blanks with the correct option)

A. 口 (kǒu)　B. 没 (méi)　C. 爱 (ài)　D. 岁 (suì)　E. 和 (hé)

Tā jiā yǒu jǐ rén?
1. 他 家 有 几(　　)人?

Wǒ wǒ jiā.
2. 我(　　)我 家。

Tā liùshí (　　).
3. 她六十(　　)。

Wǒ bàba (　　) māma shì lǎoshī.
4. 我 爸爸(　　)妈妈 是 老师。

Tā yǒu jiějie, (　　) yǒu gēge.
5. 她 有 姐姐，(　　)有 哥哥。

(三) 替换练习 (Pattern drills)

Nǐ yǒu gēge ma?
1. A：你 有 哥哥 吗？

Méiyǒu.
B：没有。

Nǐ 你	jiějie 姐姐
Tā 他	mèimei 妹妹
Tā 她	dìdi 弟弟

Tā shì wǒ māma.
2. 她 是 我 妈妈。

Tā 他	bàba 爸爸
Nàge rén 那个 人	zhàngfu 丈 夫
Zhège háizi 这 个 孩子	érzi 儿子

(四) 句子匹配 (Match the sentences)

Nǐ jiā yǒu jǐ kǒu rén?
A. 你 家 有 几 口 人？

Wǒ mèimei jiào Wáng Hǎo.
B. 我 妹 妹 叫 王 好。

Wǒ méiyǒu dìdi.
C. 我 没 有 弟弟。

Nǐ māma duō dà?
D. 你 妈妈 多 大？

Zhège rén shì shuí?
E. 这 个 人 是 谁？

Tā bú shì wǒ dìdi.
1. 他 不 是 我 弟弟。　　(　　)

Wǒ jiā yǒu wǔ kǒu rén.
2. 我 家 有 五 口 人。 (　　)

Tā shì wǒ māma.
3. 她 是 我 妈妈。 (　　)

Wǒ yǒu mèimei.
4. 我 有 妹 妹 。 (　　)

Tā liùshí suì.
5. 她 六十 岁。 (　　)

（五）看句子选图（Choose the right picture according to the sentence）

A

B

C

D

E

Wǒ māma shì lǎoshī.
1. 我 妈妈 是 老师。 (　　)

Wǒ yǒu liǎng gè dìdi.
2. 我 有 两 个 弟弟。 (　　)

Wǒ jiā yǒu sì kǒu rén.
3. 我 家 有 四 口 人。 ( )

Tā shì wǒ zhàngfu.
4. 他 是 我 丈 夫。 ( )

Wǒ érzi wǔ suì.
5. 我 儿子 五 岁。 ( )

Jīntiān jǐ yuè jǐ hào
第三课　今天几月几号

学习目标　Learning Objectives

1. 学会日期的表达，并和他人交谈日期

Learn the expression of a date and talking date with somebody

2. 学会介绍自己的日程安排

Learn to introduce your schedule

3. 学会用名词性谓语句表示日期

Learn the sentences with a nominal predicate and use it to indicate date

课文 1　Text 1

Jīntiān jǐ yuè jǐ hào?
A：今天几月几号？

Jīntiān 1 yuè 7 hào.
B：今天 1 月 7 号。

Jīntiān xīngqī jǐ ?
A：今天 星期 几？

Jīntiān xīngqīsān.
B：今天 星期三。

Zuótiān ne?
A：昨天 呢？

Zuótiān 1 yuè 6 hào，xīngqī'èr.
B：昨天 1 月 6 号，星期二。

词汇 1 Vocabulary 1

1	今天	jīntiān	*n.*	today 今：this, modern　天：day
2	月	yuè	*n.*	month
3	号	hào	*n.*	date of a month,ordinal number
4	星期	xīngqī	*n.*	week 星期一：Monday；星期二：Tuesday；星期三：Wednesday；星期四：Thursday；星期五：Friday；星期六：Saturday；星期天（日）：Sunday
5	昨天	zuótiān	*n.*	yesterday 昨：yesterday, past　天：day
6	呢	ne	*part.*	indicate an interrogative statement

课文 2 Text 2

Nǐ yǒu Gāo lǎoshī de diànhuà hàomǎ ma?
A：你 有 高 老师 的 电 话 号 码 吗？

Méiyǒu, wǒ yǒu tā de shǒujī hào.
B：没 有，我 有 他 的 手 机 号。

Tā de shǒujī hào shì duōshao?
A：他 的 手 机 号 是 多 少？

Tā de shǒujī hào shì 91112378045.
B：他 的 手 机 号 是 91112378045。

词汇 2 Vocabulary 2

1	电话	diànhuà	*n.*	phone 电：electricity　话：dialogue
2	号码	hàomǎ	*n.*	number (HSK 4 Word) 号：ordinal number　码：number

3	手机	shǒujī	*n.*	mobile phone 手：hand　机：machine
4	多少	duōshao	*pron.*	how many, how much 多：much, more　少：less, little

课文 3　Text 3

Míngtiān xīngqīliù， nǐ xiǎng qù nǎr?
A：明天星期六，你想去哪儿？

Wǒ xiǎng qù xuéxiào.
B：我想去学校。

Nǐ qù xuéxiào zuò shénme?
A：你去学校做什么？

Wǒ xiǎng qù dǎ lánqiú. Nǐ ne?
B：我想去打篮球。你呢？

Wǒ yě xiǎng qù xuéxiào.
A：我也想去学校。

Nǐ qù xuéxiào zuò shénme?
B：你去学校做什么？

Wǒ xiǎng qù jiàoshì kàn shū.
A：我想去教室看书。

词汇 3　Vocabulary 3

1	明天	míngtiān	*n.*	tomorrow 明：immediately following in time　天：day
2	想	xiǎng	*aux.*	want to do
3	去	qù	*v.*	to go
4	哪儿	nǎr	*pron.*	where
5	学校	xuéxiào	*n.*	school 学：to study, to learn　校：school
6	做	zuò	*v.*	to do

7	打	dǎ	*v.*	to play, to beat, to hit, to type
8	篮球	lánqiú	*n.*	basketball 篮：basket　球：ball
9	也	yě	*adv.*	also, too
10	教室	jiàoshì	*n.*	classroom 教：to teach　室：room
11	看	kàn	*v.*	to read, to look, to watch
12	书	shū	*n.*	book

课文 4 Text 4

Wǒmen míngtiān yìqǐ qù chànggē ba?
A：我们 明天 一起 去 唱歌 吧？

Wǒ bú qù，míngtiān 8 yuè 6 hào，shì wǒ de shēngrì.
B：我不去，明天 8 月 6 号，是 我 的 生日。

Shēngrì kuàilè!
A：生日 快乐！

Xièxie!
B：谢谢！

词汇 4 Vocabulary 4

1	我们	wǒmen	*pron.*	we, us
2	一起	yìqǐ	*adv.*	together
3	唱歌	chànggē	*v.*	to sing 唱：to sing　歌：songs
4	吧	ba	*part.*	a modal particle used at the end of a sentence to suggest something
5	生日	shēngrì	*n.*	birthday 生：to birth, be born　日：day
6	快乐	kuàilè	*adj.*	happy

注释 Notes

一、日期的表达：年、月、日 / 号、星期（Expression of a Date: Year，Month，Date，Date of Week）

汉语日期的表达遵循由大到小的原则。先说“年”，然后说“月”，最后说“日 / 号”。口语中一般用“号”不用“日”。例如：

The way to express dates in Chinese follows the rule of “the bigger unit coming before the smaller one” .The year is said first,then the month and finally the date. In spoken Chinese, “号” is often used instead of “日” to express the date. For example,

（1）2016 年 8 月 30 日，星期二。

（2）A: 今天几号？

B: 今天 5 号。

汉语中月份的表达（Expression of month）

一月 January	二月 February	三月 March
四月 April	五月 May	六月 June
七月 July	八月 August	九月 September
十月 October	十一月 November	十二月 December

汉语中星期的表达（Expression of week）

星期一 Monday	星期二 Tuesday	星期三 Wednesday
星期四 Thursday	星期五 Friday	星期六 Saturday
星期天 / 星期日 Sunday		

二、电话号码的表达（Expression of Telephone Numbers）

电话号码的读法与一般数字的读法有所不同。电话号码要一位一位地读。号码中的数字“1”一般读成“yāo”。例如：

Telephone numbers are read in a different way from general numbers. They are read digit by digit. The number "1" in a telephone number is usually read as "yāo". For example,

852-76115312

11129343671

1967953291

三、疑问助词"呢"（The Interrogative Particle "呢"）

疑问助词"呢"用在名词或代词后构成疑问句，用于询问上文提及的情况。例如：

The interrogative particle "呢" is used after a noun or pronoun, forming a question about the topic mentioned previously. For example,

我去教室看书。你呢？

我去打球。你呢？

我是中国人。你呢？

语法 Grammar

一、名词谓语句（Sentences With a Nominal Predicate）

名词谓语句是谓语部分由名词性成分充当的句子，一般用于表达年龄、时间、日期等。例如：

A sentence with a nominal predicate is a sentence which predicate is a noun, a nominal construction or a numeral-measure phrase. It is usually used to indicate age, time, date and so on.

For example,

主语（Subject）	谓语（Predicate）
今天	星期五。
明天	6 月 1 号。

二、连动句：去 + 地方 + 做什么（Sentences With a Serial Verb

Construction: *qu* + Place + To Do Sth. ）

连动句的谓语部分由两个或者两个以上动词组成，后一个动作可以表示第一个动作的目的。例如：

The predicate of a sentence with a serial verb construction consists of two or more verbs. The latter verb can be the purpose of the former one. For example,

主语 Subject	动词 1（Verb1）		（动词 2）Verb2
	去	place	to do sth.
我	去	学校	打球。
我	去	教室	看书。

汉字 Chinese Characters

一、汉字知识（Knowledge of Chinese Characters）

The Formation of Chinese Characters (1): Pictographic

The earliest Chinese characters originated from pictures, and were written on tortoise shells or animal bones. There are big and small forms of characters with slender strokes. Every character is like a small kid's drawing.

The ancient characters were highly pictographic, and we can thus infer the meaning from their shapes. The modern square-shaped Chinese characters evolved from ancient Chinese characters, but are increasingly less pictographic along the development of characters. Here are some examples that illustrate how they have evolved:

Picture	Oracle bone inscription (3500 years)	Small seal character (2500 years)	Simplified Chinese (present)	Meaning
			日	sun

续表

Picture	Oracle bone inscription (3500 years)	Small seal character (2500 years)	Simplified Chinese (present)	Meaning
			月	moon
			山	mountain
			水	water

However, along with the evolution and development of characters, they have become less and less pictographic.

二、学写基本汉字（Learn to Write Basic Chinese Characters）

① rì 日 sun	 丨 冂 月 日 日 日 日 日 日 日
② yuè 月 moon	 丿 冂 月 月 月 月 月 月 月 月
③ yě 也 also, too	 ㇆ 力 也 也 也 也 也 也 也

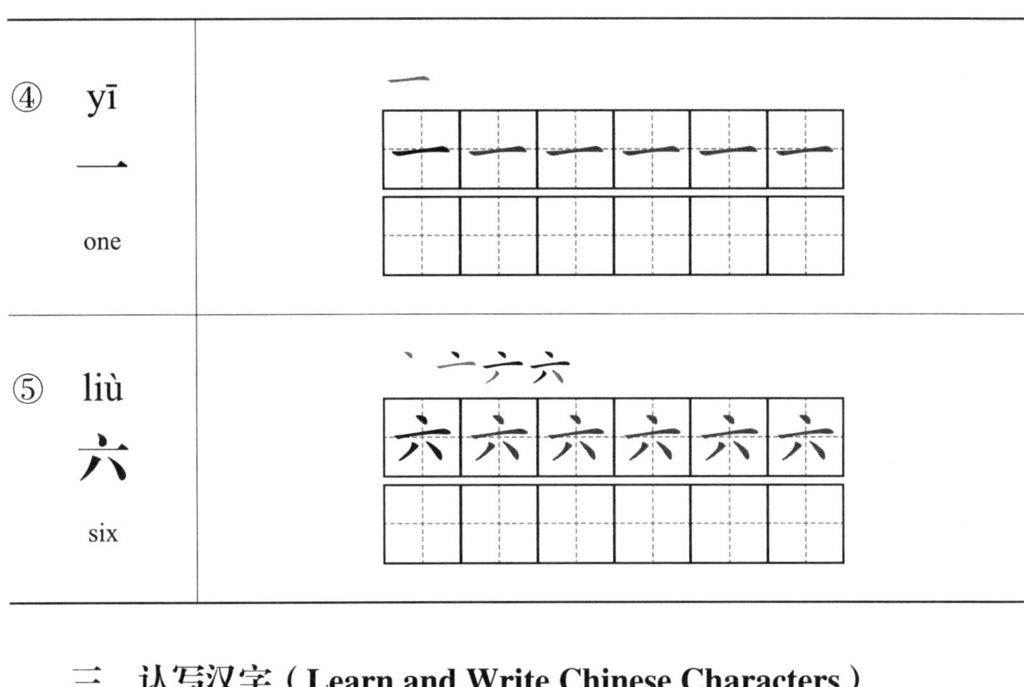

三、认写汉字（Learn and Write Chinese Characters）

① tiān 天 day, sky	一 二 于 天	今(　　) 明(　　)
② xué 学 to study	丶 丷 丷 ⺍ ⺍ 学 学 学	(　　)生 (　　)校
③ hào 号 number	丨 口 口 旦 号	(　　)码 手机(　　) 今天是几月几(　　)?

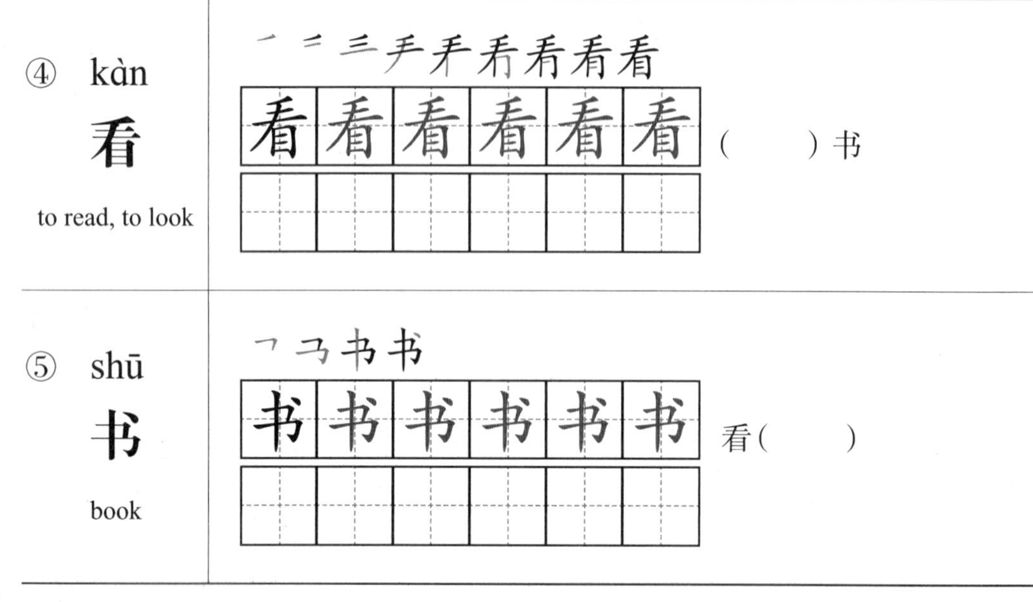

走近中国 A Touch of China

十二生肖

中国的农历采用干支纪年法。干，即“甲、乙、丙、丁、戊、己、庚、辛、壬、癸”，称为十天干；支，即“子、丑、寅、卯、辰、巳、午、未、申、酉、戌、亥”，称为十二地支。十天干和十二地支依次相配可以形成“甲子、乙丑……癸亥”共60个组合系列，并可不断循环。用这一组合系列来记录年份就是干支纪年。例如，公历2020年在中国农历中为庚子年，2021年则为辛丑年。

每个农历年名称中都有一个地支，中国人把它分别与一种动物对应，十二个地支便可对应十二种动物，这就是十二生肖，又叫属相。十二种动物按照顺序排列是：子—鼠、丑—牛、寅—虎、卯—兔、辰—龙、巳—蛇、午—马、未—羊、申—猴、酉—鸡、戌—狗、亥—猪。每个人都可以按自己的出生年份找到自己的生肖或属相。

关于为什么选择这十二种动物作为人们的生肖和为什么是这样的排列顺序，民间流传着各种各样的故事。在古代，人们认为属相预示着人的命运，所以婚嫁时还要看男女的年月生辰是否相合。在现代社会中，十二生肖仍然与中国人的生活普遍联系，但更多是作为新一年或者一个人出生年份的吉祥物，有时人们认为一个人的性格和他的生肖也是有关联的。

The Chinese Zodiac

The Chinese lunar calendar adopts the Stem and Branch chronology. Gan (Stem), namely "Jia, Yi, Bing, Ding, Wu, Ji, Geng, Xin, Ren, Gui" is called ten Heavenly Stems; Zhi(Branch), namely "Zi, Chou, Yin, Mao, Chen, Si, Wu, Wei, Shen, You, Xu, Hai", is called the twelve Earthly Branches. The ten Heavenly Stems and the twelve Earthly Branches can be matched in sequence to form a series of 60 combinations of "Jiazi, Yichou...Guihai", which can be continuously cycled. The method using this combination series to record the year is called the Heavenly Stems and Earthly Branches annual system. For example, 2020 in the Gregorian calendar is the year of Gengzi in the Chinese lunar calendar, and 2021 is the year of Xinchou.

There is always one Earthly Branch in the name of each lunar year. Therefore, Chinese people choose twelve kinds of animals corresponding to each earthly Branch, which are called the twelve zodiacs. The twelve kinds of animals are arranged in order: Zi-Mouse, Chou-Ox, Yin-Tiger, Mao-Rabbit, Chen-Dragon, Si-Snake, Wu-Horse, Wei-Sheep, Shen-Monkey, You-Chicken, Xu-Dog, Hai-Pig. Everyone can find their own zodiac by their year of birth.

There are various folk stories about why the twelve animals were chosen as Chinese's zodiacs and why they were arranged in this order. In ancient times, people believed that the zodiac indicated the fate of human beings. So it was necessary to see whether the birthdate of men and women matched when they get married. Nowadays, the zodiac is still generally related to the life of Chinese people, but it is more used as the mascot of the new year or the year of one's birth, but sometimes people still think it is possible to predict people's personalities from his or her zodiac.

学而时习之 Practice Makes Progress

（一）朗读音节（Read the syllables）

qǐchuáng	zhuànqián	shuōhuà	duōshǎo
qǐngwèn	zuànshí	zūnzhòng	shàngchuán
ruìzhì	nuǎnhuo	kuàimàn	huàirén
xiàxuě	qúnzhòng	zuìwǎn	luòshuǐ

（二）选词填空（Fill in the blanks with the correct option）

A. kàn 看　B. shǒujī 手机　C. jiàoshì 教室　D. xīngqī 星期　E. qù 去

1. Nǐ yǒu Gāo lǎoshī de（　）hàomǎ ma?
你有高老师的（　）号码吗？
2. Wǒ míngtiān qù xuéxiào（　）shū.
我明天去学校（　）书。
3. Zuótiān（　）sì.
昨天（　）四。
4. Míngtiān wǒ bú qù（　）.
明天我不去（　）。
5. Nǐ（　）xuéxiào zuò shénme?
你（　）学校做什么？

（三）替换练习（Pattern drills）

1. A: Jīntiān jǐ yuè jǐ hào?
今天几月几号？
B: Jīntiān 9 yuè 5 hào.
今天9月5号。

Míngtiān 明天	9 yuè 6 hào 9月6号
Zuótiān 昨天	9 yuè 4 hào 9月4号

2. A: Jīntiān xīngqī jǐ?
今天星期几？
B: Jīntiān xīngqīsān.
今天星期三。

Míngtiān 明天	xīngqīsì 星期四
Zuótiān 昨天	xīngqī'èr 星期二

（四）句子匹配（Match the sentences）

Wǒ qù xuéxiào dǎ qiú.
A. 我 去 学 校 打 球。

Jīntiān xīngqīwǔ.
B. 今天 星期五。

9 yuè 10 hào.
C. 9 月 10 号。

Xièxie!
D. 谢谢！

Tā de shǒujī hào shì duōshao?
E. 他 的 手 机 号 是 多 少？

Jīntiān xīngqī jǐ?
1. 今天 星期 几? （ ）

Míngtiān jǐ yuè jǐ hào?
2. 明 天 几 月 几 号？ （ ）

Nǐ qù xuéxiào zuò shénme?
3. 你 去 学 校 做 什 么? （ ）

Shēngrì kuàilè!
4. 生 日 快乐！ （ ）

Tā de shǒujī hào shì 92135732111 .
5. 他 的 手 机 号 是 92135732111。 （ ）

（五）看句子选图（Choose the right picture according to the sentence）

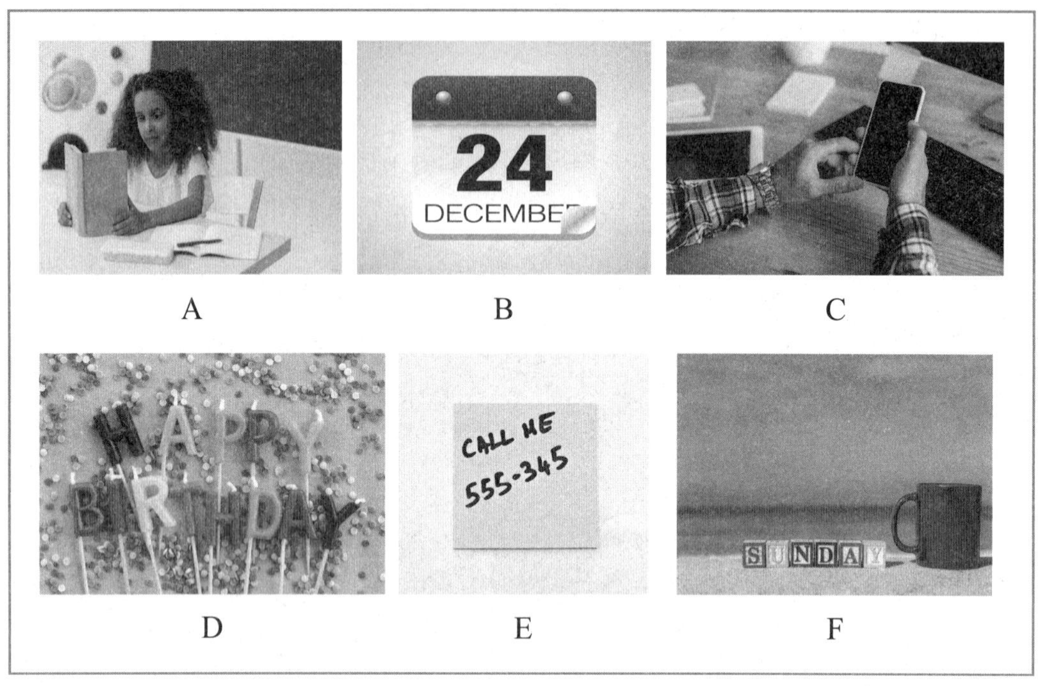

A B C D E F

Míngtiān shì 12 yuè 24 hào.
1. 明 天 是 12 月 24 号。 （ ）

Shēngrì kuàilè!
2. 生 日 快乐！ （ ）

Zhè shì Gāo lǎoshī jiā de diànhuà.
3. 这 是 高 老师 家 的 电 话。 （ ）

Míngtiān xīngqītiān.
4. 明 天 星 期 天。 （ ）

Wǒ míngtiān qù jiàoshì kàn shū.
5. 我 明 天 去 教 室 看 书。 （ ）

Zhè shì wǒ bàba de shǒujī.
6. 这 是 我 爸爸 的 手 机。 （ ）

Xiànzài jǐ diǎn
第四课　现在几点

学习目标 Learning Objectives

1. 学会时间的表达

Learn to express time

2. 学会叙述日常活动

Learn to describe your routine

3. 明确时间状语在句中的位置

Understand the position of temporal adverbs in a sentence

课文 1 Text 1

Qǐngwèn xiànzài jǐ diǎn?
A：请问现在几点？

Xiànzài shí diǎn shí fēn.
B：现在十点十分。

Xièxie!
A：谢谢！

Bú kèqi!
B：不客气！

词汇 1 Vocabulary 1

1	现在	xiànzài	*n.*	now
2	点	diǎn	*n.*	o'clock
3	分（钟）	fēn(zhōng)	*n.*	minute

课文 2 Text 2

Nǐ zhōngwǔ jǐ diǎn chīfàn?
A：你中午几点吃饭？

shí'èr diǎn líng wǔ chīfàn.
B：十二点零五吃饭。

Xiàwǔ nǐ zuò shénme?
A：下午你做什么？

Xiàwǔ wǒ hé péngyou yìqǐ qù pǎobù. Nǐ ne?
B：下午我和朋友一起去跑步。你呢？

Wǒ xiàwǔ xǐ yīfu.
A：我下午洗衣服。

Nǐ wǎnshang zuò shénme?
B：你晚上做什么？

Wǎnshang wǒ kàn shū.
A：晚上我看书。

词汇 2 Vocabulary 2

1	中午	zhōngwǔ	*n.*	noon 中：middle 午：noon
2	吃饭	chīfàn	*v.*	to have a meal 吃：to eat 饭：meal
3	零	líng	*num.*	zero
4	下午	xiàwǔ	*n.*	afternoon 下：down, downwards, later, next (week, etc) 午：noon
5	朋友	péngyou	*n.*	friend
6	跑步	pǎobù	*v.*	to run 跑：to run 步：step
7	洗	xǐ	*v.*	to wash
8	衣服	yīfu	*n.*	clothes
9	晚上	wǎnshang	*n.*	night

课文 3　Text 3

Wǒ bàba měi tiān zǎoshang liù diǎn shí fēn qǐchuáng, qī diǎn qù gōngsī shàngbān, bā diǎn kāishǐ gōngzuò. Měi tiān shàngwǔ tā dōu hěn máng, zhōngwǔ tā zài gōngsī chīfàn, xiàwǔ wǔ diǎn èrshí huí jiā. Wǎnshang tā kàn yì xiǎoshí shí fēnzhōng de bàozhǐ, shí diǎn shuìjiào.

我爸爸每天早上六点十分起床，七点去公司上班，八点开始工作。每天上午他都很忙，中午他在公司吃饭，下午五点二十回家。晚上他看一小时十分钟的报纸，十点睡觉。

词汇 3　Vocabulary 3

1	每	měi	*pron.*	each, every
2	早上	zǎoshang	*n.*	morning
3	起床	qǐchuáng	*v.*	to get up 起：to get up　床：bed
4	公司	gōngsī	*n.*	company
5	上班	shàng bān	*v.*	to go to work 上：to go　班：work
6	开始	kāishǐ	*v.*	to start
7	工作	gōngzuò	*v.*	to work
			n.	job
8	上午	shàngwǔ	*n.*	morning 上：on top, upon, above, previous　午：noon
9	都	dōu	*adv.*	all, both
10	很	hěn	*adv.*	very
11	忙	máng	*adj.*	busy
12	在	zài	*prep.*	at, to be located in/at, to be in the process of
			v.	exist

13	回	huí	*v.*	return, to be back
14	小时	xiǎoshí	*n.*	hour
15	报纸	bàozhǐ	*n.*	newspaper
16	睡觉	shuìjiào	*v.*	to sleep 睡：to sleep　觉：to wake up from sleep

Notes

时间的表达（Expression of Time）

汉语表达时间用“点”“分”，遵循由大到小的原则。例如：

“点” and “分” are used to express time in Chinese, following the principle of “the bigger unit coming before the smaller unit” . For example,

4:30——四点三十分

3:05——三点零五分

11:10——十一点十分

如果区分上午或者下午，一般格式是“上午……点（分），下午……点（……分）”。例如：

To distinguish a time in the morning or in the afternoon, the pattern “上午……点（……分）” or “下午……点（……分）” is used. For example,

8:00 a.m. —— 上午八点

3:10 p.m. —— 下午三点十分

5:25 p.m. —— 下午五点二十五分

语 法 Grammar

一、时间词做状语（Time Word Used as an Adverbial）

时间名词在句子中做状语，常常出现在主语的后边，也可出现在主语的前边。例如：

When a time word serves as an adverbial modifier in a sentence, it often follows the subject. Sometimes it can be used before the subject. For example,

主语（Subject）	时间（Time）	谓语（Predicate）
爸爸	八点	上班。
弟弟	下午四点三十	去跑步。
哥哥	明天	回公司。

或者 or

时间（Time）	主语（Subject）	谓语（Predicate）
中午十二点三十分	我们	吃饭。
明天	我	回家。
早上七点十分	妈妈	去上班。

二、介词“在”（Preposition“在”）

“在”是介词，后边加表示位置的词语，来说明动作行为发生的位置。例如：

“在” can be used as a preposition, usually before a word of locality to introduce the place where an action or behavior takes place. For example,

主语（Subject）	谓语（Predicate）		
	在	地点（Word of locality/direction）	动词（Verb）
我	在	家	看书。
他	在	学校	打球。
爸爸	在	公司	上班。

“在”还可以表示事情正在进行，表示某人正在做什么。例如：

“在” can also denotes something in process, meaning somebody is doing something. For example,

我在看书。

妈妈在洗衣服。

她在吃饭。

汉 字 Chinese Characters

一、汉字知识（Knowledge of Chinese Characters）

The Formation of Chinese Characters (2)：Indicative

The indicative formation is a character-forming method by which abstract symbols are used to express meanings. The pictographic and indicative characters are mostly single-component ones. A single-component Chinese character consists of only one complete and independent part made up of strokes. The indicative Chinese characters are divided into two types according to the formation characteristics.

One type of Chinese characters is formed only via symbols:

Simplified Chinese	Ancient Chinese	Meaning
上		up
下		down

The other type of Chinese characters is formed via abstract symbols added to pictographs:

Picture	Ancient Chinese	Simplified Chinese with meaning	Picture	Ancient Chinese	Simplified Chinese with meaning
		木 tree, wood			本 root, basic
		刀 knife			刃 blade, knife-edge

二、学写基本汉字（Learn to Write Basic Chinese Characters）

① shàng 上 up	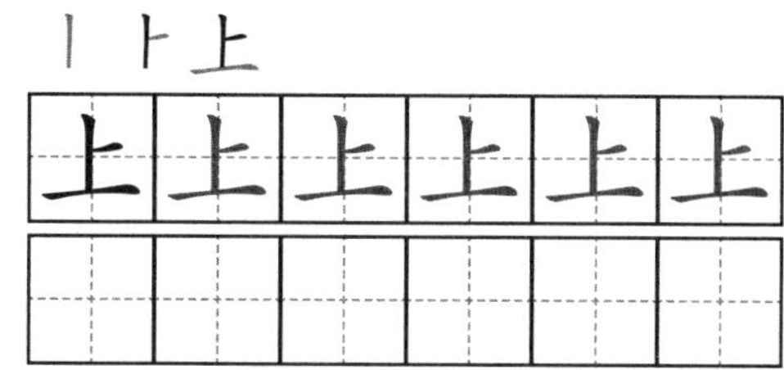
② xià 下 down	
③ xiǎo 小 small	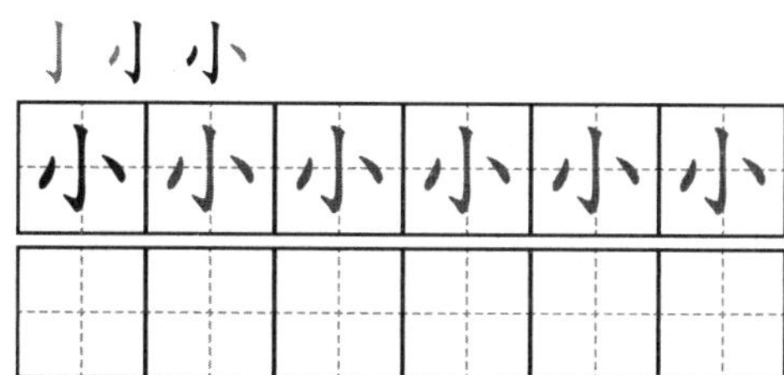
④ shí 十 ten	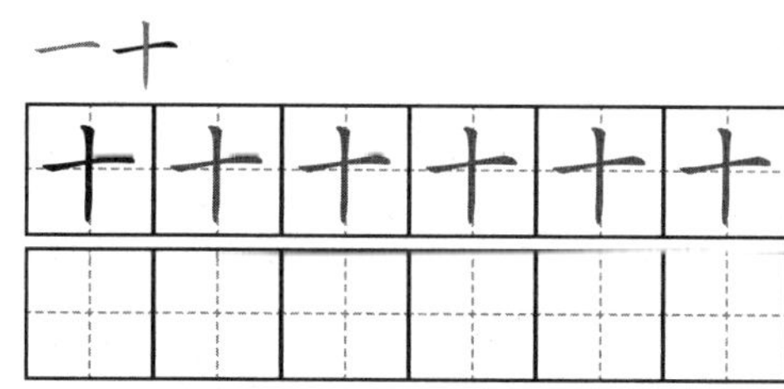
⑤ mén 门 door	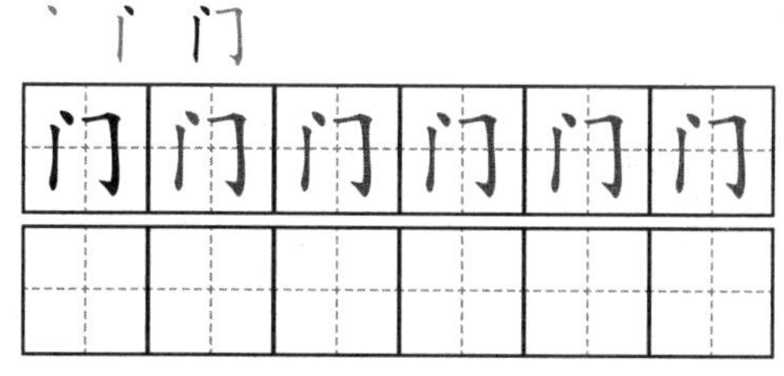

三、认写汉字（Learn and Write Chinese Characters）

① huí **回** return	丨 冂 冂 冋 回 回 回 回 回 回 回 回	（　　）家 （　　）公司 （　　）学校
② zài **在** at, to be located in /at, to exist	一 ナ 𠂇 𡉀 在 在 在 在 在 在 在 在	现（　　） 他（　　）公司吃饭。
③ fēn **分** minute	丿 八 分 分 分 分 分 分 分 分	（　　）钟 三十（　　）钟 现在十点十（　　）。
④ shí **时** time	丨 冂 日 日 日一 时 时 时 时 时 时 时 时	小（　　） 一个小（　　）
⑤ wǔ **午** noon	丿 𠂉 午 午 午 午 午 午 午 午	上（　　） 中（　　） 下（　　）

走近中国　A Touch of China

二十四节气

在中国农历历法中，一年有二十四个节气。它们的名字为：立春、雨水、惊蛰、春分、清明、谷雨、立夏、小满、芒种、夏至、小暑、大暑、立秋、处暑、白露、秋分、寒露、霜降、立冬、小雪、大雪、冬至、小寒、大寒。

顾名思义，每个节气都表示季节、气候和农事的不同变化。其中，立春、立夏、立秋、立冬预示着春夏秋冬四季的轮换。二十四个节气在农业生产中起着指导作用，影响着古代中国人的衣食住行甚至文化观念。例如，中国人将立冬视为冬季的开始，并且认为在这一天吃营养的东西身体更容易吸收，这样就可以强身健体来抵抗严冬的侵害了。

The 24 Solar Terms

The traditional Chinese lunar calendar divides the year into 24 solar terms.

The names of the 24 solar terms are: Start of Spring, Rain Water, Waking of Insects, Spring Equinox, Pure Brightness, Grain Rain, Start of Summer, Lesser Fullness of Grain, Grain in Beard, Summer Solstice, Lesser Heat, Greater Heat, Start of Autumn, End of Heat, White Dew, Autumn Equinox, Cold Dew, Frost's Descent, Start of Winter, Lesser Snow, Greater Snow, Winter Solstice, Lessor Cold and Greater Cold.

From the names for the 24 solar terms, we can see that their division follows the changes of the seasons, climates and farming. Among them, Start of Spring, Start of Summer, Start of Autumn and Start of Winter are used to indicate seasons by dividing the year into four seasons of spring, summer, autumn and winter. The 24 solar terms play a guiding role in agricultural production, but they also influence the basic necessities of life and even cultural concepts of the Chinese people. For example, Chinese people take the start of winter as the beginning of winter, believing that on this day it's easy for their body to absorb nourishing food and to survive a severe winter.

学而时习之 Practice Makes Progress

（一）朗读音节（Read the syllables）

guójiā	píngguǒ	huánjìng	yóuyǒng
zuótiān	lánqiú	píjiǔ	hánjià
míngtiān	míngnián	niúnǎi	niúròu

（二）选词填空（Fill in the blanks with the correct option）

A. 一起 (yìqǐ)　B. 公司 (gōngsī)　C. 开始 (kāishǐ)　D. 都 (dōu)　E. 起床 (qǐchuáng)

1. 爸爸中午在（　　）吃饭。
   Bàba zhōngwǔ zài chīfàn.
2. 下午我和朋友（　　）去跑步。
   Xiàwǔ wǒ hé péngyou qù pǎobù.
3. 他八点（　　）工作。
   Tā bā diǎn gōngzuò.
4. 你早上几点（　　）？
   Nǐ zǎoshang jǐ diǎn ?
5. 他每天上午（　　）很忙。
   Tā měi tiān shàngwǔ hěn máng.

（三）替换练习（Pattern drills）

1. A: 下午你做什么？
   Xiàwǔ nǐ zuò shénme?
   B: 下午我洗衣服。
   Xiàwǔ wǒ xǐ yīfu.

Wǎnshang 晚上	kàn shū 看书
Shàngwǔ 上午	gōngzuò 工作
Zǎoshang 早上	pǎobù 跑步

2. A: 你几点睡觉？
   Nǐ jǐ diǎn shuìjiào?
   B: 我十一点睡觉。
   Wǒ shíyī diǎn shuìjiào.

shàngbān 上班	bā diǎn 八点
qǐchuáng 起床	liù diǎn 六点
pǎobù 跑步	qī diǎn 七点

（四）句子匹配（Match the sentences）

Zhōngwǔ shí'èr diǎn.
A. 中 午 十二 点。

Wǒ hé péngyou yìqǐ qù pǎobù.
B. 我 和 朋 友 一起 去 跑步。

Zài jiàoshì kàn shū.
C. 在 教 室 看 书。

Tā měi tiān gōngzuò dōu hěn máng.
D. 他 每 天 工 作 都 很 忙 。

Wǒ bàba měi tiān zǎoshang liù diǎn shí fēn qǐchuáng.
E. 我 爸爸 每 天 早 上 六 点 十 分 起 床 。

Nǐ bàba gōngzuò máng ma?
1. 你 爸爸 工 作 忙 吗？ （ ）

Wǒmen jǐ diǎn qù chīfàn?
2. 我 们 几 点 去 吃 饭？ （ ）

Zhōngwǔ nǐ zuò shénme?
3. 中 午 你 做 什 么？ （ ）

Xiàwǔ nǐ hé shuí yìqǐ qù pǎobù?
4. 下 午 你 和 谁 一起 去 跑步？ （ ）

Nǐ bàba měi tiān zǎoshang jǐ diǎn qǐchuáng?
5. 你 爸爸 每 天 早 上 几 点 起 床？ （ ）

（五）看句子选图（Choose the right picture according to the sentence）

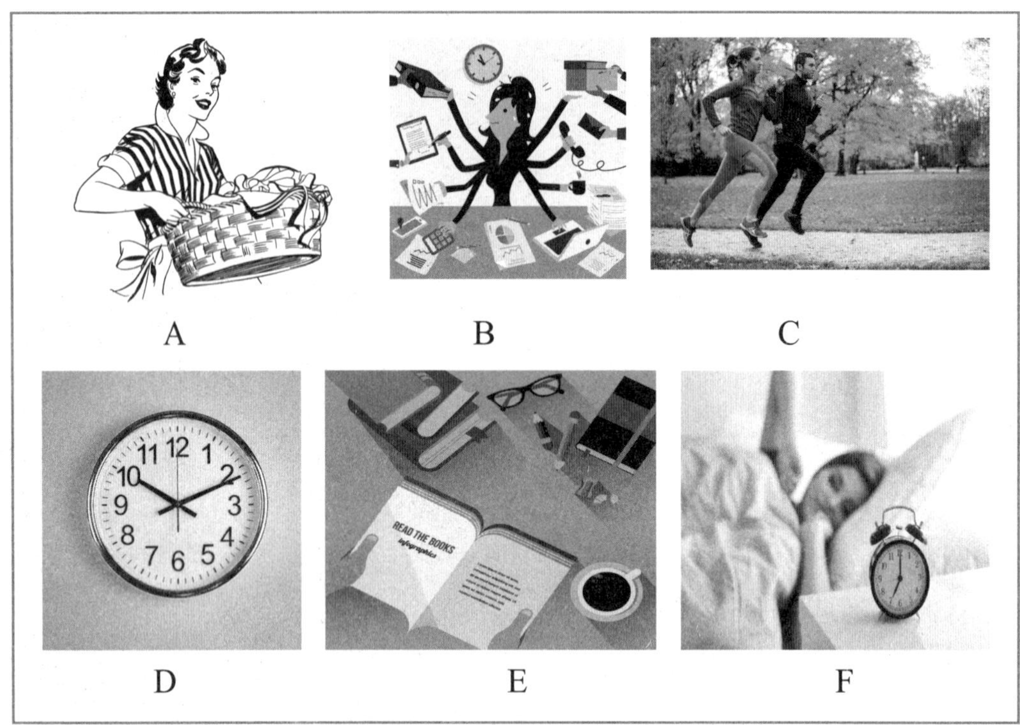

Xiànzài shí diǎn shíyī fēn.
1. 现在十点十一分。 （ ）

Xiàwǔ wǒmen yìqǐ qù pǎobù.
2. 下午我们一起去跑步。 （ ）

Wǎnshang wǒ zài jiā kàn shū.
3. 晚上我在家看书。 （ ）

Māma zài xǐ yīfu.
4. 妈妈在洗衣服。 （ ）

Jiějie měi tiān zǎoshang qī diǎn qǐ chuáng.
5. 姐姐每天早上七点起床。 （ ）

Tā xiànzài hěn máng, tā zài gōngzuò.
6. 她现在很忙，她在工作。 （ ）

Jīntiān tiān qì zěnmeyàng
第五课　今天　天气 怎么 样

学习目标 Learning Objectives

1. 描述天气状况

Describe the weather conditions

2. 用“怎么样”询问事物的性质和状态

Use “怎么样” to ask about nature and status of things

课文 1 Text 1

Bái Xuě: Jīntiān tiānqì zěnmeyàng?
白 雪：今天 天气 怎么 样？

Wáng Zhōng: Bú tài hǎo, tài lěng le!
王 中：不太 好，太 冷 了！

Bái Xuě: Míngtiān ne?
白 雪：明 天 呢？

Wáng Zhōng: Míngtiān yě hěn lěng, kěnéng xià xuě.
王 中：明 天 也 很 冷，可 能 下 雪。

词汇 1 Vocabulary

1	白雪	Bái Xuě	*n.*	a Chinese name
2	天气	tiānqì	*n.*	weather
3	怎么样	zěnmeyàng	*pron.*	how, how about, what about
4	太	tài	*adv.*	very, too

5	冷	lěng	*adj.*	cold
6	了	le	*part.*	a particle word
7	可能	kěnéng	*aux.*	perhaps, probably
8	下雪 *	xià xuě	*v.*	to snow 下：to fall 雪：snow

课文 2 Text 2

Bái Xuě: Wáng Zhōng, nǐ zěnme le?
白雪：王中，你怎么了？

Wáng Zhōng: Wǒ shēntǐ bù shūfu, shēngbìng le.
王中：我身体不舒服，生病了。

Bái Xuě: Chī yào le ma?
白雪：吃药了吗？

Wáng Zhōng: Chī le. Zuótiān wǒ qù yīyuàn le, yīshēng gàosu wǒ duō hē shuǐ, duō xiūxi.
王中：吃了。昨天我去医院了，医生告诉我多喝水，多休息。

Bái Xuě: Tiānqì tài lěng le, nǐ duō chuān yìdiǎnr yīfu.
白雪：天气太冷了，你多穿一点儿衣服。

Wáng Zhōng: Xièxie!
王中：谢谢！

词汇 2 Vocabulary 2

1	怎么	zěnme	*pron.*	how
2	身体	shēntǐ	*n.*	body
3	舒服	shūfu	*adj.*	feel well (HSK3 Word)
4	生病	shēngbìng	*v.*	to get ill 生：to get 病：illness
5	药	yào	*n.*	medicine

6	医院	yīyuàn	*n.*	hospital 医：medical 院：courtyard, yard
7	医生	yīshēng	*n.*	doctor
8	告诉	gàosu	*v.*	to tell
9	多	duō	*adv.*	more
			adj.	many, much
10	喝	hē	*v.*	to drink
11	水	shuǐ	*n.*	water
12	休息	xiūxi	*v.*	to rest
13	穿	chuān	*v.*	to wear
14	（一）点儿	（yì）diǎnr	*pron.*	a little, a bit

课文 3 Text 3

Bái Xuě: Jīntiān yīntiān, xiàwǔ kěnéng xià yǔ, wǒ bú qù pǎobù le.
白 雪：今天 阴天，下午 可能 下 雨，我 不 去 跑步了。

Dàwèi: Míngtiān ne?
大卫：明 天 呢？

Bái Xuě: Míngtiān shì qíngtiān, tiānqì hěn hǎo, bù lěng yě bú rè. Míngtiān wǒmen yìqǐ qù pǎobù ba!
白 雪：明 天 是 晴 天，天气 很 好，不 冷 也不热。明 天 我们 一起去 跑步吧！

Dàwèi: Hǎo.
大卫：好。

词汇 3 Vocabulary 3

1	阴	yīn	*adj.*	cloudy
2	下雨	xià yǔ	*v.*	to rain 下：to fall 雨：rain

3	晴	qíng	*adj.*	sunny
4	热	rè	*adj.*	hot

注释 Notes

一、可能（The Adverb “可能”）

“可能”表示估计、也许，常用在动词前面。例如：

“可能” means “maybe” indicating an estimation. It is often used before the verb of a sentence. For example,

他可能生病了。

明天可能下雨。

她下午可能不去学校。

二、疑问代词“怎么样”（The Interrogative Pronoun “怎么样”）

“怎么样”用来询问人或者事的状况。例如：

“怎么样” is used to ask about the condition of something or someone. For example,

你身体怎么样？

他的汉语怎么样？

明天天气怎么样？

三、多 + 动词（多 + Verb）

“多”也做副词，后加动词，表示动作的数量增多。例如：

“多” also can be used as an adverb, and it is usually followed by a verb. For example,

天气很热，你多喝水。

今天太冷了，你要多穿点儿衣服。

医生告诉我多喝水。

语　法　Grammar

一、“了”表示变化或已经发生（“了” Indicates a Change or Something That Has Already Happened）

1.“了”用于句尾，表示变化。例如：

“了” is used at the end of a sentence to indicate a change. For example,

（1）我今天生病了。

（2）高老师的女儿五岁了。

2.“了”用于句尾，表示事情已经发生。例如：

“了” is used at the end of a sentence to indicate that something has happened. For example,

（1）他去跑步了。

（2）吃药了吗？

二、程度副词“太”（The Adverb “太”）

副词“太”表示程度深。用“太”的句子中句尾常有“了”，而否定句中不用“了”。例如：

The adverb “太” indicates a high degree. “了” is often used at the end of the sentence with “太”, but not in negative sentence. For example,

（1）今天太冷了。

（2）天气太热了。

（3）他身体不太好。

三、主谓谓语句（Sentence With a Subject-Predicate Phrase as the Predicate）

主谓谓语句中的谓语是一个主谓结构的短语。

In Chinese, there is such a kind of sentence in which the predicate is a subject-predicate phrase.

主语（Subject）	谓语（Predicate）	
	主语（Subject）	谓语（Predicate）
今天	天气	很热。
你	身体	怎么样?
我	身体	不太好。

汉 字 Chinese Characters

一、汉字知识（Knowledge of Chinese Characters）

Compound Strokes of Chinese Characters (1)

In writing, two or more strokes join smoothly and form compound strokes. There are over 20 compound strokes in Chinese characters, starting with horizontal, vertical and left-falling strokes respectively. They cannot be treated as two separate strokes in writing. There are 6 compound strokes starting with a horizontal as follows:

1		横折 héng zhé
2		横撇 héng piě
3		横钩 héng gōu
4		横折钩 héng zhé gōu
5		横折斜钩 héng zhé xié gōu
6		横折弯钩 héng zhé wān gōu

二、学写基本汉字（Learn to Write Basic Chinese Characters）

	Stroke order	Practice
① le 了 a particle word	㇇ 了	了 了 了 了 了 了
② shuǐ 水 water	亅 ㇆ 才 水	水 水 水 水 水 水
③ shān 山 mountain	丨 凵 山	山 山 山 山 山 山
④ tài 太 very, too	一 ナ 大 太	太 太 太 太 太 太
⑤ mù 木 wood	一 十 才 木	木 木 木 木 木 木

三、认写汉字（Learn and Write Chinese Characters）

① zěn **怎** how

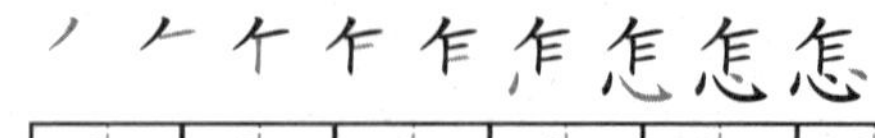

（　　）么样

② shēng **生** person, to grow

学（　　）

医（　　）

（　　）病

③ xiū **休** to rest

（　　）息

④ xià **下** go down, to fall

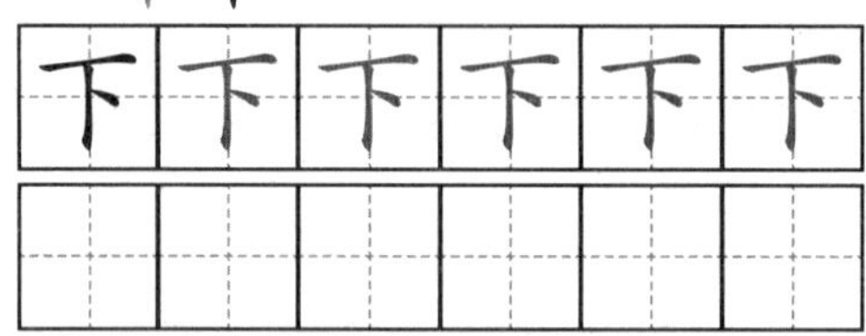

（　　）雨

（　　）雪

⑤ duō **多** many, much more

（　　）喝水

（　　）休息

走近中国 A Touch of China

中 医

在中国，中医已经有 2000 ～ 3000 年的历史，并形成了独特的疾病诊断和治疗体系。中医和西医在治疗方法上有根本性的区别。中医对人体的了解是基于道教中描述的对宇宙的整体理解，治疗方法则主要基于对病症的诊断和区分。

中医将脏腑视为人体的核心器官。组织和器官通过人体内部的经络和血管网络相连。“气”作为某种信息载体，通过经络系统对外呈现。中医治疗首先要对整个身体系统进行分析，然后着重于通过调整脏腑器官的功能来治疗疾病。

中医的临床诊断和治疗主要基于阴阳五行理论。典型的中医疗法包括针灸、草药和气功锻炼。针灸可以通过刺激身体的局部区域来完成治疗，草药在内部作用于脏腑器官，而气功则试图通过“气”的调节来恢复经络内部有序的信息流。一些科学家将通过草药、针灸和气功治疗疾病的方法称为“信息疗法”。

Traditional Chinese Medicine

With a history of 2000 to 3000 years, traditional Chinese medicine (TCM) has formed a unique system to diagnose and cure illness. The TCM approach is fundamentally different from that of western medicine. In TCM, the understanding of the human body is based on the holistic understanding of the universe as described in *Daoism*, and the treatment of illness is based primarily on the diagnosis and differentiation of syndromes.

The TCM approach treats zang-fu organs as the core of the human body.

Tissues and organs are connected through a network of channels and blood vessels inside the human body. Qi acts as some kind of carrier of information that is expressed externally through the channel system. TCM treatment starts with the analysis of the entire system, then focuses on the correction of pathological changes through readjusting the functions of the zang-fu organs.

The clinical diagnosis and treatment in TCM are mainly based on the yin-yang and five elements theories. The typical TCM therapies include acupuncture, herbal medicine and qigong exercise. With acupuncture, treatment is accomplished by stimulating certain areas of the external body. Herbal medicine acts on zang-fu organs internally, while qigong tries to restore the orderly information flow inside the network through the regulation of qi. Some scientists describe the treatment of diseases through herbal medication, acupuncture, and qigong as an "information therapy".

学而时习之 Practice Makes Progress

(一)选词填空(Fill in the blanks with the correct option)

shēngbìng yào qíng chuān gàosu
A. 生病 B. 药 C. 晴 D. 穿 E. 告诉

Jīntiān tiānqì hěn lěng, nǐ duō yīfu.
1. 今天天气很冷，你多(　　)衣服。

Nǐ chī le ma?
2. 你吃(　　)了吗？

Míngtiān shì tiān.
3. 明天是(　　)天。

Tā shēntǐ bù hǎo, le.
4. 他身体不好，(　　)了。

Yīshēng tā duō hē shuǐ, duō xiūxi.
5. 医生(　　)他多喝水，多休息。

（二）替换练习（Pattern drills）

1\. A: Jīntiān tiānqì zěnmeyàng?
今天天气怎么样？

B: Jīntiān hěn rè.
今天很热。

Míngtiān 明天	hěn lěng 很冷	
Zuótiān 昨天	bù lěng 不冷	yě bú rè 也不热
Jīntiān 今天	tài rè le 太热了	

2\. Tiānqì tài lěng le, nǐ yào duō chuān yīfu.
天气太冷了，你要多穿衣服。

hē shuǐ 喝水
xiūxi 休息

（三）句子匹配（Match the sentences）

Duō hē shuǐ, duō xiūxi.
A. 多喝水，多休息。

Shí'èr diǎn shí fēn.
B. 十二点十分。

Hěn lěng, kěnéng xià xuě.
C. 很冷，可能下雪。

Wǒ shēngbìng le.
D. 我生病了。

Chī le.
E. 吃了。

Nǐ zěnme le?
1\. 你怎么了？　（　　）

Yīshēng gàosu le nǐ shénme?
2\. 医生告诉了你什么？　（　　）

Nǐ jǐ diǎn qù chīfàn?
3\. 你几点去吃饭？　（　　）

Míngtiān tiānqì zěnmeyàng?
4\. 明天天气怎么样？　（　　）

Chī yào le ma?
5\. 吃药了吗？　（　　）

（四）看句子选图（Choose the right picture according to the sentence）

Jīntiān xià yǔ.
1. 今天 下 雨。 （　　）

Nǐ chī yào le ma?
2. 你 吃 药 了 吗？ （　　）

Tā jiějie zài yīyuàn gōngzuò.
3. 他 姐姐 在 医院 工 作。 （　　）

Gēge míngtiān bú qù shàngbān, zài jiā xiūxi.
4. 哥哥 明 天 不去 上 班，在 家 休息。 （　　）

Jīntiān hěn lěng, nǐ duō chuān yīfu.
5. 今天很冷，你多穿衣服。 ( )

Míngtiān shì qíngtiān.
6. 明天是晴天。 ( )

（五）判断对错（True or false）

Xiàwǔ kěnéng xià yǔ, wǒ bú qù xuéxiào le.
1. 下午可能下雨，我不去学校了。

Wǒ xiàwǔ qù xuéxiào.
★我下午去学校。 ( )

Tā xīngqītiān yě qù yīyuàn gōngzuò.
2. 他星期天也去医院工作。

Tā xīngqītiān bù xiūxi.
★他星期天不休息。 ( )

Xiàwǔ tiānqì hěn hǎo, shì qíngtiān, wǒmen qù pǎobù ba!
3. 下午天气很好，是晴天，我们去跑步吧！

Wǒmen míngtiān qù pǎobù.
★我们明天去跑步。 ( )

Wǒ jīntiān shēngbìng le, zài jiā xiūxi, míngtiān qù shàngbān.
4. 我今天生病了，在家休息，明天去上班。

Wǒ jīntiān bú qù shàngbān.
★我今天不去上班。 ( )

Zuótiān wǒ qù yīyuàn le, yīshēng gàosu wǒ duō hē shuǐ, duō xiūxi.
5. 昨天我去医院了，医生告诉我多喝水，多休息。

Wǒ shēngbìng le.
★我生病了。 ( )

Míngtiān yào kǎoshì le
第六课 明天要考试了

学习目标 Learning Objectives

1. 学会简单的交际用语

Learn simple greetings

2. 学会能愿动词"要"的用法

Learn the auxiliary verb "要"

课文 1 Text 1

Mǎlì: Nǐ zài zuò shénme?
玛丽：你在做什么？

Dàwèi: Wǒ zài kàn shū. Nǐ rènshi zhège zì ma?
大卫：我在看书。你认识这个字吗？

Mǎlì: Wǒ rènshi. Zhège zì dú "cuò".
玛丽：我认识。这个字读"错"。

Dàwèi: Zhège zì shì shénme yìsi? Nǐ zhīdào ma?
大卫：这个字是什么意思？你知道吗？

Mǎlì: Yìsi shì "wrong". Kěyǐ shuō "duìbuqǐ, wǒ cuò le".
玛丽：意思是"wrong"。可以说"对不起，我错了"。

Dàwèi: Wǒ dǒng le. Xièxie!
大卫：我懂了。谢谢！

Mǎlì: Bú kèqi!
玛丽：不客气！

词汇 1　Vocabulary 1

1	玛丽	Mǎlì	*n.*	Mary(name)
2	认识	rènshi	*v.*	to know,to recognize
3	字	zì	*n.*	character
4	读	dú	*v.*	to read
5	错	cuò	*adj*	wrong
6	意思	yìsi	*n.*	meaning
7	知道	zhīdào	*v.*	to know
8	可以	kěyǐ	*aux.*	may,can
9	说	shuō	*v.*	to speak
10	懂	dǒng	*v.*	to understand

课文 2　Text 2

(Zài jiàoshì)
（在 教 室）

Mǎlì: Dàwèi, jīntiān nǐ máng ma? Yào zuò shénme?
玛丽：大卫，今天 你 忙 吗？ 要 做 什 么？

Dàwèi: Hěn máng. Wǒ shàngwǔ bā diǎn dào shí'èr diǎn shàngkè, xiàwǔ yī diǎn dào sān diǎn zuò tí.
大卫：很 忙 。我 上 午 八 点 到 十二 点 上 课，下午 一 点 到 三 点 做 题。

Mǎlì: Míngtiān yào kǎoshì le. Nǐ zhǔnbèi hǎo le ma?
玛丽： 明 天 要 考试 了。你 准 备 好 了 吗？

Dàwèi: Méiyǒu.
大卫：没 有 。

Mǎlì: Wǎnshang nǐ yǒu shìqing ma? Wǒmen yìqǐ zuò tí ba.
玛丽： 晚 上 你 有 事 情 吗？ 我 们 一起 做 题 吧。

Dàwèi: Hǎo. shàngkè le, wǒmen bié shuōhuà le.
大卫：好 。上 课 了，我 们 别 说 话 了。

词汇 2　Vocabulary 2

1	要	yào	*aux.*	will, be going to, should
2	到	dào	*prep.*	to
			v.	arrive
3	上课	shàngkè	*v.*	to go to class 上：to go　课：class, lesson
4	题	tí	*n.*	question
5	考试	kǎoshì	*v.*	to test 考：to give or take an exam　试：to test
			n.	examination
6	准备	zhǔnbèi	*v.*	to prepare
7	事情	shìqing	*n.*	affair, thing 事：thing　情：situation
8	别	bié	*adv.*	do not
9	说话	shuōhuà	*v.*	to speak, to talk 说：to say, to tell　话：spoken words, dialogue

课文 3　Text 3

Jīntiān wǒ hěn máng. Shàngwǔ wǒ yǒu Hànyǔ kè, xiàwǔ wǒ hé jiějie yìqǐ zuò tí. Jiějie de Hànyǔ hěn hǎo. Tā jīngcháng bāngzhù wǒ xuéxí Hànyǔ, huídá wǒ de wèntí. Tā gàosu wǒ, xuéxí Hànyǔ yào duō tīng, duō shuō. Xiàwǔ wǔ diǎn, tí zuò wán le. Jiějie shuō: "Míngtiān yào kǎoshì le, jīntiān wǎnshang bié wánr le, xīwàng nǐ néng kǎo dì-yī."

今天我很忙。上午我有汉语课，下午我和姐姐一起做题。姐姐的汉语很好。她经常帮助我学习汉语，回答我的问题。她告诉我，学习汉语要多听、多说。下午五点，题做完了。姐姐说："明天要考试了，今天晚上别玩儿了，希望你能考第一。"

词汇 3　Vocabulary 3

1	汉语	Hànyǔ	*n.*	Chinese
2	经常	jīngcháng	*adv.*	often(HSK3 Word)
3	帮助	bāngzhù	*v.*	to assistance,to help
4	学习	xuéxí	*v.*	to study 学：to learn　习：to practice
5	回答	huídá	*v.*	to answer (HSK 3 Word) 回：to return　答：to answer
6	问题	wèntí	*n.*	question, problem 问：to ask　题：question
7	听	tīng	*v.*	to listen
8	完	wán	*v.*	end, finish, complete
9	玩儿	wánr	*v.*	to play
10	希望	xīwàng	*v.*	to hope, to wish
11	能	néng	*aux.*	be able to, can
12	第一	dì-yī	*num.*	first 第：used in front of the numerals to express the order 一：one

注释　Notes

一、别（Do Not）

“别”用在动词前，表示建议不要做某事。

“别” is used before the verb to advise somebody not to do something.

别说话！

别睡觉！

别玩了！

别吃药！

二、第（Ordinal Representation）

“第”放在数词前，表示次序。

“第”is used in front of the numerals to express the order.

第一　　第二　　第九　　第十

第五　　第八年　　第四个人　　第六个星期

语法 Grammar

一、结果补语“完”（The Result Complement “完”）

“完”用于动词后，表示动作完成。其否定形式是“没（有）……完”。

“完”is used after the verb to express a completed action. The negative form is“没（有）……完”.

主语（Subject）	副词（Adverb）	动词（Verb）	完	—	—
你	—	看	完	了	吗?
我	—	看	完	了。	—
我	没（有）	看	完。	—	—

二、能愿动词“要”（The Auxiliary Verb “要”）

“要”作为能愿动词，放在动词前面，表示动作即将发生。例如：

As an auxiliary verb, “要” is used before a verb to indicate that something will happen. For example,

明天我要去医院。

今天下午我要去学校。

明天要考试了。

要下雨了。

“要”作为能愿动词，放在动词前面，还有“应该”“需要”的意思。例如：

As an auxiliary verb,“要” is used before a verb to mean “should” or “need to”. For example,

学习汉语要多听、多说。
生病了要多喝水、多休息。
天气太冷了，要多穿衣服。

汉 字 Chinese Characters

一、汉字知识（Knowledge of Chinese Characters）

Compound Strokes of Chinese Characters (2)

There are 6 compound strokes starting with a vertical as follows:

1		竖折 shù zhé
2		竖弯 shù wān
3		竖提 shù tí
4		竖钩 shù gōu
5	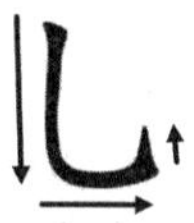	竖弯钩 shù wān gōu
6		竖折折钩 shù zhé zhé gōu

二、学写基本汉字（Learn to Write Basic Chinese Characters）

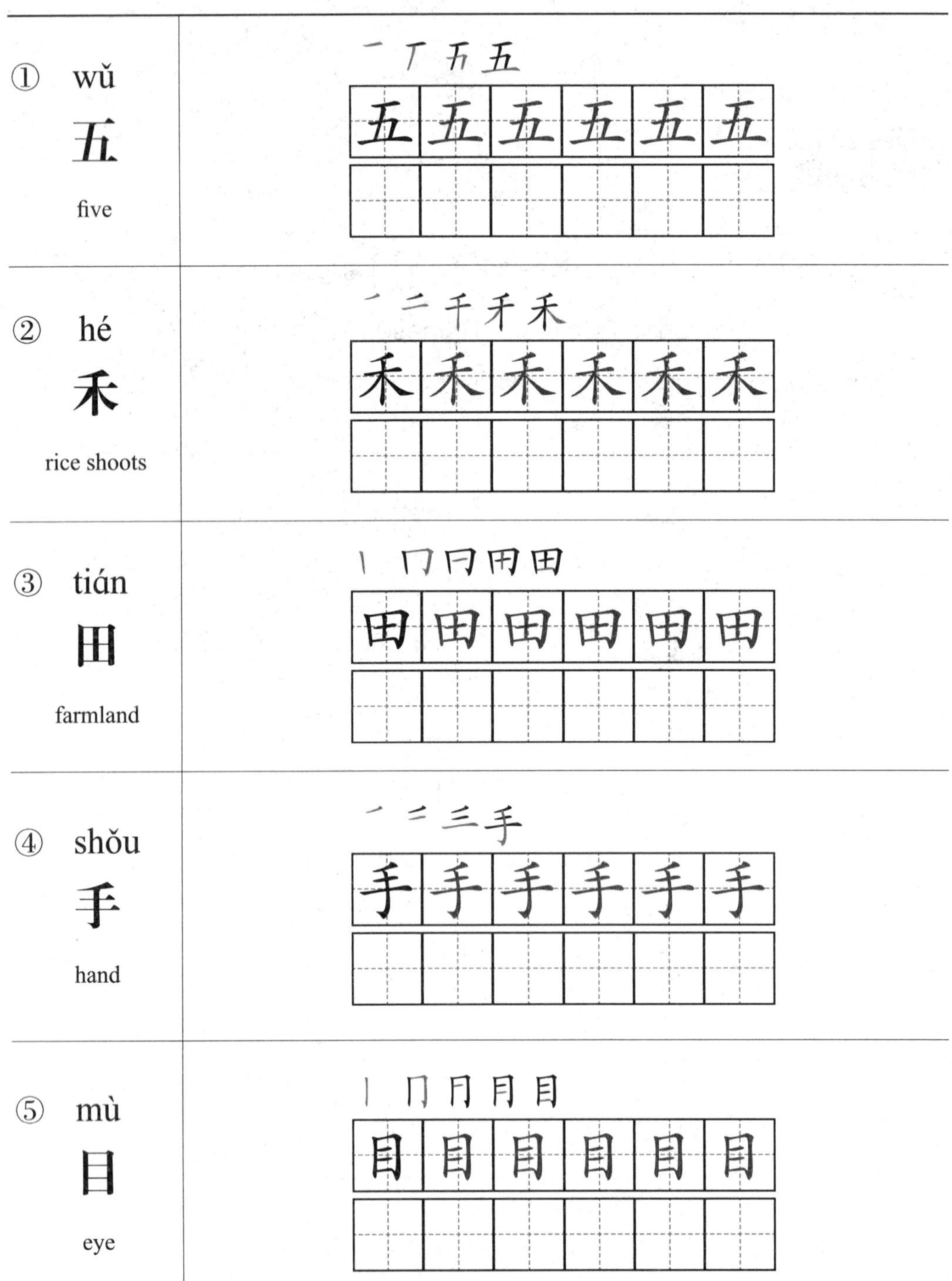

三、认写汉字（Learn and Write Chinese Characters）

① kě 可 may, can	一 丁 𠮛 可 可 可 可 可 可 可 可	(　　) 以
② kǎo 考 to give an exam	一 + 土 耂 耂 考 考 考 考 考 考 考	(　　) 试 小 (　　)
③ kè 课 class, lesson	丶 讠 讠 讠 讠 讠 讠 课 课 课 课 课 课 课 课 课	上 (　　) 下 (　　) 汉语 (　　)
④ sī 思 consider	丨 冂 冂 田 田 田 思 思 思 思 思 思 思 思 思	意 (　　)
⑤ hàn 汉 Chinese	丶 丶 氵 汈 汉 汉 汉 汉 汉 汉 汉	(　　) 语 (　　) 字

走近中国 A Touch of China

科举制

自隋代开始，中国朝廷就通过科举考试选拔官员。

科举制在唐宋时期发展成熟。唐代每年举行一次科举考试。它有许多科目，例如秀才、明经和进士等。进士头衔是最难获得的。每年都有数百人参加进士考试，但只有一两个人通过。参加科举考试的有两种人：一种是由朝廷的学院选拔的学生，称为生徒；另一种称为乡贡，由通过了州或县官府考试的人组成。唐代的科举考试通常由尚书省主持。通过考试的人员将由尚书省重新审查，然后根据考试结果获得各种正式职位。

科举制度是中国封建社会最公平的人才选拔形式，大量出身中下层社会的人士可以通过科举进入统治阶级。因此，唐宋初期，科举制在发展中国古代文化上起到了积极的作用，但是宋代以后，科举制的消极性越来越大，选拔的人才质量也每况愈下，并于 1905 年被彻底废除。

The Imperial Civil Examination System

Starting in the Sui Dynasty of China, the imperial government selected its officials from the ranks of the successful candidates in the imperial civil examinations.

The imperial examination system matured during the Tang and Song Dynasties. The imperial civil examination in the Tang Dynasty was held every year. It was divided into many levels, such as Xiucai, Mingjing and Jinshi. The Jinshi title was the most difficult to attain. Every year hundreds of men took the Jinshi examination, but only one or two passed. There were two kinds of people who took the imperial civil examination. Some of them were chosen by academies, who were called shengtu; the others, called xianggong, consisted of those who had passed the examinations held by prefectures and counties. The imperial civil examination in the Tang Dynasty was usually presided over by the Board of Rites. Those who passed the examination would be re-examined by the Board of Rites, and then received various kinds of official positions according to their examination results.

The imperial examination system is the fairest form of talent selection in the feudal society of China. A large number of people from middle and lower classes can enter the ruling class through the imperial examination. In the early Tang and Song Dynasties, the imperial examination system played a positive role in the development of ancient Chinese culture. However, after the Song Dynasty, the imperial examination became more and more negative, and the quality of talent education was also deteriorating so it was completely abolished in 1905.

学而时习之 Practice Makes Progress

（一）选词填空（Fill in the blanks with the correct option）

yào	bié	wán	wèntí	zhīdào
A. 要	B. 别	C. 完	D. 问题	E. 知道

Zhège zì shì shénme yìsi ? Nǐ ( ) ma?
1. 这个字是什么意思？你（ ）吗？

Yào chī ( ) le ma?
2. 药吃（ ）了吗？

Míngtiān wǒ ( ) qù yīyuàn.
3. 明天我（ ）去医院。

Zhège ( ) wǒ bù dǒng.
4. 这个（ ）我不懂。

Shàngkè le , ( ) kàn shǒujī le.
5. 上课了，（ ）看手机了。

（二）替换练习（Pattern drills）

Nǐ shuō wán le ma?
A：你<u>说</u>完了吗？

Wǒ shuō wán le.
B：我<u>说</u>完了。

wèn	huídá
问	回答
xǐ	kǎo
洗	考

Jīntiān wǎnshang bié wánr le.
A：今天 晚 上 别 玩儿 了。

Hǎo.
B：好 。

kàn 看	shǒujī 手机
dǎ lánqiú 打篮球	gōngzuò 工作

（三）句子匹配（Match the sentences）

Tā kěyǐ bāng wǒ zhǔnbèi kǎoshì.
A. 他 可以 帮 我 准 备 考 试。

Nǐ zhǔnbèi le ma?
B. 你 准 备 了 吗？

Jīntiān wǎnshang yào xià yǔ， bié qù pǎobù le.
C. 今 天 晚 上 要 下 雨，别 去 跑 步 了。

Míngtiān shàngwǔ bā diǎn dào shíyī diǎn yǒu Hànyǔ kè.
D. 明 天 上 午 八 点 到 十一 点 有 汉 语 课。

Zhège zì de yìsi shì "wrong".
E. 这 个 字 的 意思 是 "wrong"。

Míngtiān yào kǎoshì le.
1. 明 天 要 考 试 了。（　　）

Tā bù máng.
2. 他 不 忙 。（　　）

Míngtiān shàngwǔ shàngkè ma?
3. 明 天 上 午 上 课 吗？（　　）

Wǒmen zài jiā kàn shū ba.
4. 我 们 在 家 看 书 吧。（　　）

Zhège zì shì shénme yìsi?
5. 这 个 字 是 什 么 意思？（　　）

（四）看句子选图（Choose the right picture according to the sentence）

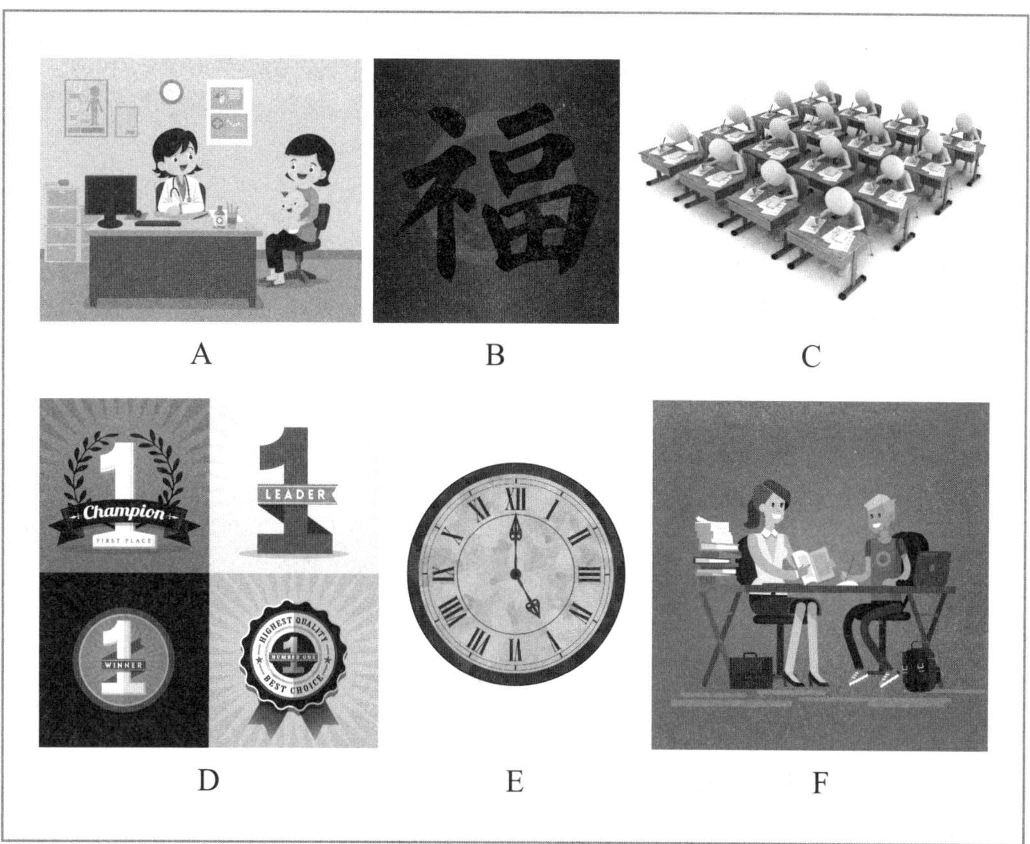

Jīntiān yǒu kǎoshì.
1. 今天 有 考试。（　　）

Tā shēngbìng le, qù kàn yīshēng le.
2. 她 生 病 了，去 看 医 生 了。（　　）

Zhège zì shì shénme yìsi? Wǒ bù dǒng.
3. 这个字是什么意思？我不懂。（　　）

Tā jīngcháng bāng wǒ xuéxí Hànyǔ.
4. 她 经 常 帮 我 学习 汉 语。（　　）

Xīwàng nǐ néng kǎo dì-yī.
5. 希 望 你 能 考 第一。（　　）

Xiàwǔ wǔ diǎn, tí zuò wán le.
6. 下午 五 点，题 做 完 了。（　　）

（五）判断对错（True or false）

Míngtiān yào kǎoshì le. Jīntiān wǎnshang tā bú qù pǎobù, yào zài jiā xuéxí.
1. 明天要考试了。今天晚上他不去跑步，要在家学习。

Tā yào zhǔnbèi kǎoshì.
★ 他要准备考试。 (　　)

Wáng Míng shì zhōngguó rén, kěyǐ bāng wǒ xuéxí Hànyǔ.
2. 王明是中国人，可以帮我学习汉语。

Wáng Míng de Hànyǔ hěn hǎo.
★ 王明的汉语很好。 (　　)

Wáng Yuè míngtiān yào xuéxí dì-bā kè le.
3. 王月明天要学习第八课了。

Wáng Yuè míngtiān yǒu kè.
★ 王月明天有课。 (　　)

Wǎnshang wǒ hé péngyou yìqǐ qù pǎobù, jiǔ diǎn shuìjiào.
4. 晚上我和朋友一起去跑步，九点睡觉。

Wǒ wǎnshang jiǔ diǎn qù pǎobù.
★ 我晚上九点去跑步。 (　　)

Zhège zì méiyǒu xué. Wǒ bù zhīdào tā de yìsi.
5. 这个字没有学。我不知道它的意思。

Zhège zì wǒ xué le.
★ 这个字我学了。 (　　)

Nǐ huì tiàowǔ ma
第七课　你 会 跳舞 吗

学习目标 Learning Objectives

1. 学会怎样与他人交流自己的兴趣爱好

Learn how to talk about your interests with others

2. 学会用关联词“虽然……但是……”“因为……所以……”

Learn the pair of conjunctions “虽然……但是……” “因为……所以……”

课文 1 Text 1

Mǎlì: Dàwèi, nǐ zuì xǐhuan shénme yùndòng?
玛丽：大卫，你 最 喜欢 什 么 运 动？

Dàwèi: Wǒ zuì xǐhuan yóuyǒng, hái xǐhuan dǎ lánqiú. Mǎlì, nǐ ne?
大卫：我 最 喜欢 游 泳 ，还 喜 欢 打 篮球。玛丽，你 呢？

Mǎlì: Wǒ xǐhuan tiàowǔ.
玛丽：我 喜欢 跳 舞。

Dàwèi: Nǐ wèishénme xǐhuan tiàowǔ?
大卫：你 为 什 么 喜欢 跳 舞？

Mǎlì: Yīnwèi wǒ juéde tiàowǔ kěyǐ ràng rén fàngsōng shēntǐ, suǒyǐ wǒ fēi-
玛丽：因 为 我 觉得 跳 舞 可以 让 人 放 松 身体，所以 我 非

cháng xǐhuan. Dàwèi, nǐ huì tiàowǔ ma?
常 喜欢。大 卫，你 会 跳 舞 吗？

Dàwèi: Suīrán wǒ huì tiào, dànshì tiào de bù hǎo.
大卫：虽然 我 会 跳，但是 跳 得 不 好。

Mǎlì： Méi guānxi， wǒ kěyǐ jiāo nǐ. Xīngqītiān wǒmen yìqǐ qù tiàowǔ ba!
玛丽： 没 关系， 我 可以 教 你。星 期 天 我 们 一起 去 跳 舞 吧！

Dàwèi： Hǎode.
大卫： 好 的。

词汇 1 Vocabulary 1

1	最	zuì	adv	most, least
2	喜欢	xǐhuan	v.	to like
3	运动	yùndòng	n.	sport
			v.	to play sports
4	游泳	yóuyǒng	n.	swimming
			v.	to swim
5	还	hái	adv.	still, more
6	跳舞	tiàowǔ	v.	to dance 跳：to jump　舞：dance
7	为什么	wèishénme	pron.	why
8	因为	yīnwéi	conj.	because
9	觉得	juéde	v.	to feel, to think
10	让	ràng	v.	to let
11	放松	fàngsōng	v.	to relax (HSK4 Word)
12	所以	suǒyǐ	conj.	so, therefore, as a result
13	非常	fēicháng	adv.	very
14	会	huì	aux.	can
15	虽然	suīrán	conj.	although, even though, even if
16	但是	dànshì	conj.	but
17	得	de	part.	a structural particle
18	教	jiāo	v.	to teach (HSK3 Word)

课文 2　Text 2

Wǒ jiào Dàwèi, xiànzài zài Zhōngguó xuéxí Hànyǔ. Wǒ de lǎoshī ràng wǒ měi
我 叫 大卫，现 在 在 中 国 学习 汉 语。我 的 老师 让 我 每

tiān dú kèwén, xiě Hànzì. Yǒushíhou, wǒ xiǎng hé péngyou qù dǎ lánqiú, tī zú-
天 读 课 文、写 汉 字。有 时 候，我 想 和 朋 友 去 打 篮 球、踢 足

qiú, dànshì méiyǒu shíjiān. Xià gè xīngqī yào kǎoshì le, wǒ hái yǒu hěn duō tí bú
球，但 是 没 有 时 间。下 个 星 期 要 考 试 了，我 还 有 很 多 题 不

huì. Wǒ xiǎng ràng Mǎlì bāng wǒ fùxí, xīwàng wǒ kěyǐ kǎo gè hǎo chéngjì.
会。我 想 让 玛丽 帮 我 复习，希 望 我 可以 考 个 好 成 绩。

词汇 2　Vocabulary 2

1	课文 *	kèwén	*n.*	text 课：lesson　文：essay
2	写	xiě	*v.*	to write
3	汉字 *	Hànzì	*n.*	Chines character
4	有时候	yǒushíhou		sometimes
5	踢	tī	*v.*	to kick, to play (e.g. soccer)
6	足球	zúqiú	*n.*	football 足：foot　球：tball
7	时间	shíjiān	*n.*	time
8	复习	fùxí	*v.*	to review (HSK3 Word) 复：to repeat　习：to practice
9	成绩	chéngjì	*n.*	grades (HSK3 Word)

注 释　Notes

一、能愿动词“会”（The Auxiliary Verb “会”）

能愿动词“会”用在动词前表示通过学习而获得某种能力，它的否定式是“不会”，疑问式是“会……吗？”。例如：

The auxiliary verb "会" is used before a verb, indicating acquiring an ability through learning. Its negative form is "不会", and its question form is "会……吗？" For example,

主语（Subject）	（不）会	Verb(+N)
你	会	跳舞吗？
我	会	跳舞。
我	不会	跳舞。
你	会	打篮球吗？
我	会	打篮球。
我	不会	打篮球。

二、关联词"虽然……但是……"（The Pair of Conjunctions "虽然……但是……"）

关联词"虽然……但是……"连接两个表示转折关系的分句，"虽然"可以省略，"但是"不可省略。例如：

The conjunctions "虽然……但是……" connenct two clauses in an adversative relation, "虽然" can be omitted, but "但是" should be remained. For example,

虽然昨天我生病了，但是我还是去考试了。

虽然我很喜欢运动，但是我太忙了，没有时间。

他今年 80 岁了，但是身体还是很好。

三、关联词"因为……所以……"（The Pair of Conjunctions "因为……所以……"）

关联词"因为……所以……"连接两个表示因果关系的分句，前一分句表示原因，后一分句表示结果。二者在使用时可以同时出现，也可以省略其一。例如：

The conjunctions "因为……所以……" connenct two clauses in a causative relation. Both of them can be remained，and you can also omit either of them.

For example,

因为下雨，他们没去踢足球。

他工作不太忙，所以每天都可以去跑步。

因为生病了，所以他没去考试。

语法 Grammar

一、程度补语“得”：动词 + 得 + 形容词（The Degree Complement “得”：Verb + *de* + Adjective）

（一）在动词谓语句中，动词后加“得”及形容词表示对动作的评价。

In a verbal-predicate sentence, “得” + adjective indicates an evaluation of action.

主语（Subject）	动词（Verb）	得	（很/不）形容词（Adjective）
他	说	得	很好。
她	写	得	很好。
我	踢	得	不好。

（二）提问。

Ask questions.

主语（Subject）	动词（Verb）	得	怎么样？
他	踢	得	怎么样？
她	唱	得	怎么样？

或者 or

主语（Subject）	动词（Verb）	得	好不好？
他	踢	得	好不好？
她	唱	得	好不好？

（三）如果有动词有宾语，则常使用以下句式：

When the verb has an object, the structure is often used as follows:

主语（Subject）	动词（Verb）	宾语（Object）	动词（Verb）	得	（很/不）形容词（Adjective）
我	踢	足球	踢	得	很好。
他	打	篮球	打	得	不好。

或者 or

主语（Subject）	宾语（Object）	动词（Verb）	得	（很/不）形容词（Adjective）
我	足球	踢	得	很好。
他	篮球	打	得	不好。

汉字 Chinese Characters

一、汉字知识（Knowledge of Chinese Characters）

Compound Strokes of Chinese Characters (3)

There are two compound strokes starting with a left-falling as follows:

1		撇折 piě zhé
2		撇点 piě diǎn

Also, there are two special hook strokes.

3		斜钩 xié gōu
4		卧钩 wò gōu

二、学写基本汉字（Learn to Write Basic Chinese Characters）

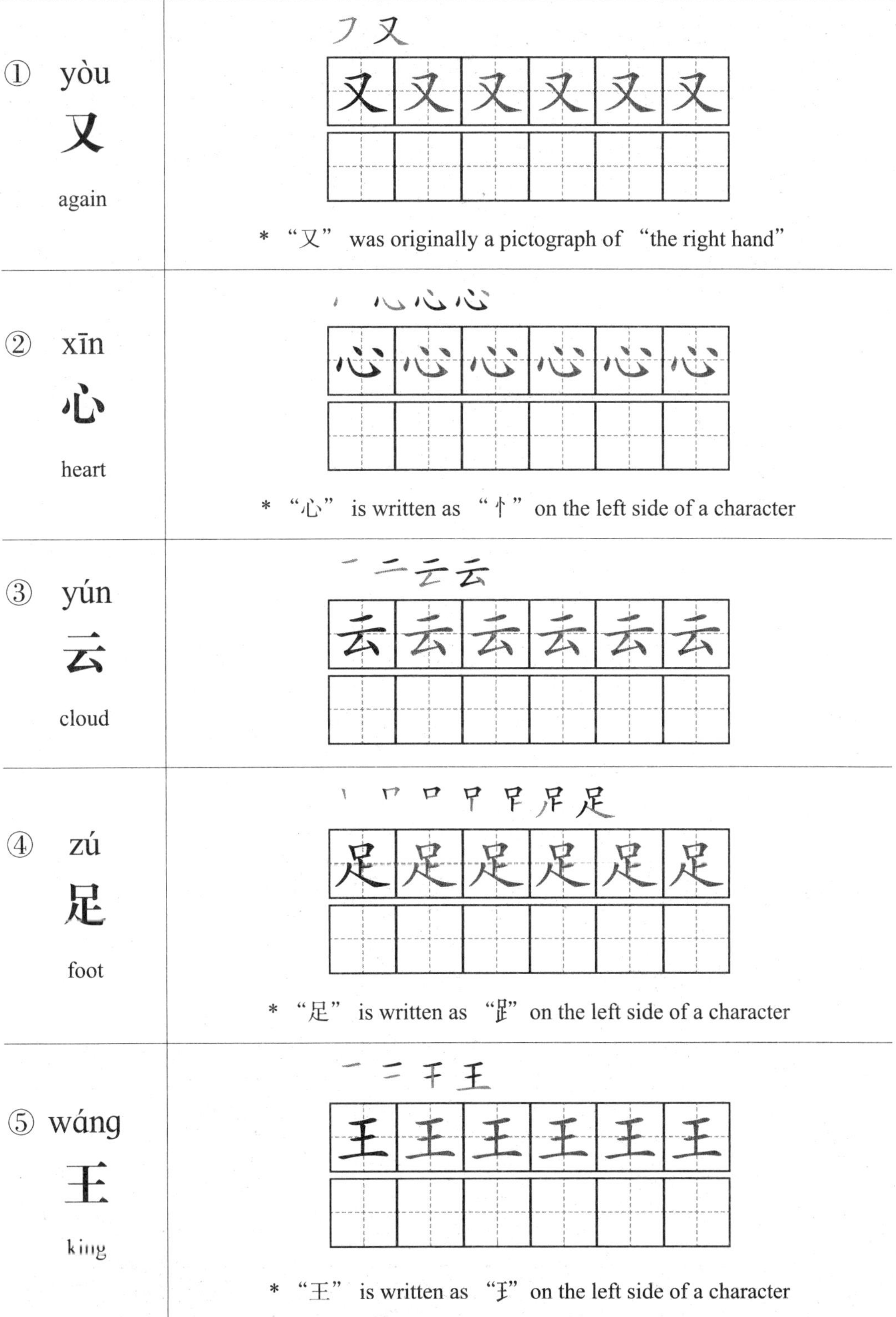

① yòu 又 again	又 又 又 又 又 又 * “又” was originally a pictograph of “the right hand”
② xīn 心 heart	心 心 心 心 心 心 * “心” is written as “忄” on the left side of a character
③ yún 云 cloud	云 云 云 云 云 云
④ zú 足 foot	足 足 足 足 足 足 * “足” is written as “⻊” on the left side of a character
⑤ wáng 王 king	王 王 王 王 王 王 * “王” is written as “⺩” on the left side of a character

三、认写汉字（Learn and Write Chinese Characters）

① huì **会** may, can

我（　　）跳舞。
他不（　　）游泳。

② yǐ **以** to use

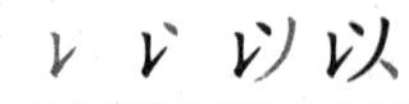

所（　　）

③ yīn **因** cause

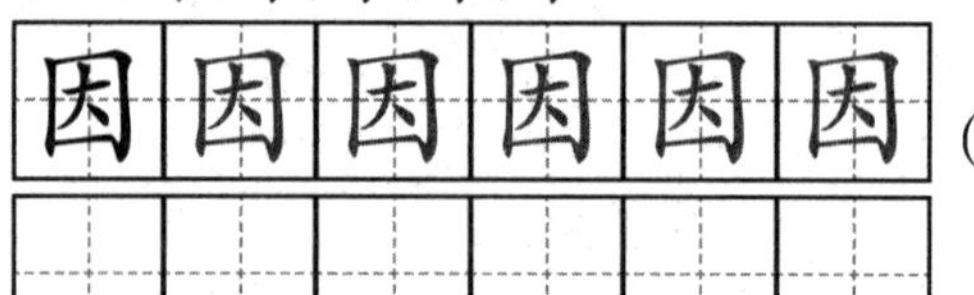

（　　）为

④ fēi **非** not

非非非非非非

（　　）常

⑤ shì **是** is, am, are

是是是是是是

但（　　）
我（　　）学生。

走近中国 A Touch of China

太极拳和气功

太极拳

太极拳是中国一种流行的武术门类，其动作缓慢而柔和，用于防御对抗、增强体质和预防疾病。太极拳的精髓是集中精气神以刚柔相济的动作来控制和锻炼身体。它起源于河南省温县的陈家沟，有不同的流派，例如陈式、杨式、吴式、孙式和贺式等。

太极拳起源于中国，并已在世界范围内广泛传播。1990 年，在第 11 届亚运会盛大的开幕式上，来自中国和日本 1400 名选手的太极拳表演尤为壮观，一时引起极大轰动。

气功

气功，也被称为深呼吸运动，是中国的一种普通的健身运动。“气”的字面意思是“空气”，表示“生命力”。练习气功可以协调身心健康。练习者可以通过锻炼来强身健体、调节身心、健体抗衰和延年益寿。

气功分为两类。静功要求练习者站立、坐着或躺着不动，专心致志，并用特殊的方式呼吸，以促进身体的循环和代谢。动功则要求以轻柔的体育锻炼或按摩来促进身体健康。

Tai Chi Chuan and Qigong

Tai Chi Chuan

Tai Chi Chuan is a popular school of Chinese martial arts marked with slow and gentle movements that are designed for defense, strengthening of physique and prevention of diseases.In this art, it is essential that the mind guides the body through graceful, gentle and firm movements. It originated in Chenjiagou in Wenxian county, Henan province. There are different schools, including the Chen, Yang, Wu, Sun, and He styles.

Tai Chi Chuan originated in China and has been widely spread around the world. In 1990, at the spectacular opening ceremony of the 11th Asian Games, the sheer magnificence of the Tai Chi Chuan performance given by 1400 players from China and Japan created a great sensation.

Qigong

Qigong, also called the deep-breathing exercise, is practiced by the Chinese on a regular basis to keep fit. "Qi" literally means "air" and implies "life force". The purpose of qigong is to coordinate the health of the mind with the body. The practitioner does qigong for self-reliance, self-adjustment, body building, resisting premature aging and prolonging life.

It is divided into two categories. The quiescent type requires practitioners to stand, sit or lie still, concentrate their mind, and breathe in a special way to promote the circulation and digestion of the body. The mobile type calls for the use of mild physical exercises or massage to build one's health.

学而时习之 Practice Makes Progress

（一）选词填空（Fill in the blanks with the correct option）

xǐhuan	juéde	wèishénme	de	zuì
A. 喜欢	B. 觉得	C. 为什么	D. 得	E. 最

zuótiān nǐ méi qù xuéxiào?
1. （　　）昨天你没去学校？

Wǒ jīntiān hěn lěng.
2. 我（　　）今天很冷。

Wǒ yóuyǒng.
3. 我（　　）游泳。

Wǒ xǐhuan dǎ lánqiú.
4. 我（　　）喜欢打篮球。

Tā xiězì xiě hěn hǎo.
5. 她写字写（　　）很好。

（二）替换练习（Pattern drills）

Nǐ huì shuō Hànyǔ ma?
1. A：你会说汉语吗？

Wǒ bú huì shuō Hànyǔ.
B：我不会说汉语。

xiě Hànzì 写汉字	yóuyǒng 游泳
dǎ lánqiú 打篮球	tī zúqiú 踢足球

Tā zúqiú tī de zěnmeyàng?
2. A：他足球踢得怎么样？

Tā zúqiú tī de hěn hǎo.
B：他足球踢得很好。

dǎ lánqiú 打篮球	yóuyǒng 游泳
chànggē 唱歌	tiàowǔ 跳舞

Tā lánqiú dǎ de hǎo bu hǎo?
3. A：他篮球打得好不好？

Tā lánqiú dǎ de bù hǎo.
B：他篮球打得不好。

Hànyǔ 汉语	shuō 说
zúqiú 足球	tī 踢
Hànzì 汉字	xiě 写

（三）句子匹配（Match the sentences）

Wèishénme nǐ bú qù xuéxiào?
A. 为什么你不去学校？

Wǒ hé péngyou yìqǐ qù dǎ lánqiú le.
B. 我和朋友一起去打篮球了。

Wǒ xiǎng qù tī zúqiú.
C. 我想去踢足球。

Nǐ yóuyǒng yóu de zěnmeyàng?
D. 你游泳游得怎么样？

Nǐ xǐhuan yùndòng ma?
E. 你喜欢运动吗？

Wǒ yóu de hěn hǎo.
1. 我游得很好。（　　）

Zuótiān xiàwǔ nǐ zuò shénme le?
2. 昨天下午你做什么了？（　　）

Yīnwéi wǒ shēngbìng le.
3. 因为我生病了。（　　）

Wǒ fēicháng xǐhuan yùndòng.
4. 我 非 常 喜欢 运 动 。 (　　)

Dànshì xià yǔ le.
5. 但 是 下 雨 了。 (　　)

（四）看句子选图（Choose the right picture according to the sentence）

Tā fēicháng xǐhuan kàn shū.
1. 她 非 常 喜 欢 看 书。 (　　)

Tā huì tiàowǔ.
2. 她 会 跳 舞。 (　　)

Tā zúqiú tī de hěn hǎo.
3. 他 足球 踢 得 很 好。 ( )

Tā měi tiān dōu yóuyǒng.
4. 她 每 天 都 游 泳 。 ( )

Tā chànggē chàng de hěn hǎo.
5. 她 唱 歌 唱 得 很 好。 ( )

Míngtiān wǒ yào qù xuéxiào dǎ lánqiú.
6. 明 天 我 要 去 学 校 打 篮 球。 ( )

（五）判断对错（True or false）

Wǒ shì Gāo Hóng, shì nǐmen de Hànyǔ lǎoshī, nǐmen yǒu shénme wèntí,
1. 我 是 高 红 ，是 你们 的 汉 语 老师，你们 有 什 么 问题，
kěyǐ wèn wǒ.
可以 问 我。

Gāo lǎoshī ràng xuésheng huídá wèntí.
★ 高 老师 让 学 生 回答 问题。 ( )

Wǒ xǐhuan tī zúqiú, bù xǐhuan dǎ lánqiú.
2. 我 喜 欢 踢 足球，不 喜 欢 打 篮 球。

Wǒ xǐhuan dǎ lánqiú.
★ 我 喜 欢 打 篮 球。 ( )

Wǒ huì yóuyǒng, dànshì yóu de bù hǎo.
3. 我 会 游 泳 ，但 是 游 得 不 好。

Wǒ yóuyǒng yóu de fēicháng hǎo.
★ 我 游 泳 游 得 非 常 好。 ( )

Wǒ māma de péngyou huì shuō Hànyǔ.
4. 我 妈妈 的 朋 友 会 说 汉 语。

Wǒ péngyou de māma huì shuō Hànyǔ.
★ 我 朋 友 的 妈妈 会 说 汉 语。 ( )

Xiànzài shì shíyī diǎn, wǒ pǎobù pǎo le shí fēnzhōng le.
5. 现 在 是 十一 点 ，我 跑 步 跑 了 十 分 钟 了。

Wǒ shíyī diǎn kāishǐ pǎobù.
★ 我 十一 点 开始 跑 步。 ( )

Tā mǎi le yì běn Hànyǔ shū
第八课 他买了一本汉语书

学习目标 Learning Objectives

1. 学会买东西的交际用语

Learn the expressions for shopping

2. 学会不同颜色的表达

Learn express different colors

3. 学会动态助词“了”在句中的用法

Learn the use of dynamic auxiliary “了” in sentences

课文 1 Text 1

Dàwèi: Qǐng wèn píngguǒ duōshao qián yì jīn?
大卫：请 问 苹果 多少 钱 一斤?

Shòuhuòyuán: Shí kuài qián yì jīn.
售货员：十 块 钱 一斤。

Dàwèi: Tài guì le! Piányi yìdiǎnr ba?
大卫：太 贵 了！便宜 一点儿 吧?

Shòuhuòyuán: Zhèxiē píngguǒ shì dà de, suǒyǐ guì diǎnr. Nàxiē píngguǒ xiǎo yìxiē, wǔ kuài qián yì jīn, nín kěyǐ mǎi nàxiē.
售货员：这些 苹果 是 大 的，所以 贵 点儿。那些 苹果 小 一些，五 块 钱 一斤，您 可以 买 那些。

Dàwèi: Hǎode, xièxie! Nà wǒ mǎi xiǎo de ba.
大卫：好的，谢谢！那 我 买 小 的 吧。

词汇 1　Vocabulary 1

1	苹果	píngguǒ	*n.*	apple
2	钱	qián	*n.*	money
3	斤	jīn	*m.*	half a kilogram
4	售货员	shòuhuòyuán	*n.*	attendant
5	块	kuài	*m.*	piece, a denomination of the Chinese currency
6	贵	guì	*adj.*	expensive
7	便宜	piányi	*adj.*	cheap
8	（一）些	(yì)xiē	*m.*	some, a few
9	大	dà	*adj.*	big
10	小	xiǎo	*adj.*	small
11	买	mǎi	*v.*	to buy

课文 2　Text 2

(Lǐ Měilì hé Gāo Míng qù shāngdiàn mǎi yīfu)
（李美丽和高明去商店买衣服）

Lǐ Měilì: Qǐngwèn hóngsè de nà jiàn yīfu duōshao qián?
李美丽：请问红色的那件衣服多少钱？

Shòuhuòyuán: Yìqiān kuài yí jiàn.
售货员：一千块一件。

Lǐ Měilì: Tài guì le! Yǒu méi yǒu piányi diǎnr de?
李美丽：太贵了！有没有便宜点儿的？

Shòuhuòyuán: Báisè de nà jiàn wǔbǎi kuài.
售货员：白色的那件五百块。

Lǐ Měilì: Hēisè de ne?
李美丽：黑色的呢？

Shòuhuòyuán: Liǎngbǎi kuài.
售货员：两百块。

Lǐ Měilì: Gāo Míng, nǐ juéde nǎge yánsè piàoliang?
李美丽：高明，你觉得哪个颜色漂亮？

Gāo Míng: Wǒ juéde hóngsè de hé báisè de dōu hěn piàoliang, dànshì nà jiàn hóngsè de tài cháng le.
高明：我觉得红色的和白色的都很漂亮，但是那件红色的太长了。

Lǐ Měilì: Wǒ yě juéde hóngsè de tài cháng le, nà jiù mǎi báisè de ba.
李美丽：我也觉得红色的太长了，那就买白色的吧。

Shòuhuòyuán: Hǎode.
售货员：好的。

词汇 2 Vocabulary 2

1	李美丽	Lǐ Měilì	*n.*	a Chinese name
2	高明	Gāo Míng	*n.*	a Chinese name
3	商店	shāngdiàn	*n.*	store 商：commerce 店：inn, shop, store
4	红	hóng	*adj.*	red
5	件	jiàn	*m.*	a measure word for clothes
6	千	qiān	*num.*	thousand
7	白	bái	*adj.*	white
8	百	bǎi	*num.*	hundred
9	黑	hēi	*adj.*	black
10	哪个	nǎge	*pron.*	which one
11	颜色	yánsè	*n.*	color 颜：color 色：color
12	漂亮	piàoliang	*adj.*	good-looking, beautiful
13	长	cháng	*adj.*	long
14	就	jiù	*adv.*	just

课文 3 Text 3

Xīngqītiān, Mǎlì, Dàwèi hé Zhāng Hóng yìqǐ qù mǎi dōngxi. Tāmen xiān
星期天，玛丽、大卫和张红一起去买东西。他们先

qù mǎi bēizi. Mǎlì xiǎng mǎi báisè de, dànshì mài wán le, tā jiù mǎi le yí gè
去买杯子。玛丽想买白色的，但是卖完了，她就买了一个

hóngsè de bēizi. Ránhòu tāmen qù mǎi shǒujī. Shòuhuòyuán jièshào le hěnduō
红色的杯子。然后他们去买手机。售货员介绍了很多

zhǒng shǒujī, Zhāng Hóng mǎi le yí gè "Huáwéi" shǒujī. Xīn shǒujī hěn piàoliang,
种手机，张红买了一个"华为"手机。新手机很漂亮，

tā hěn xǐhuan.
她很喜欢。

Zuìhòu, tāmen hái qù le shūdiàn, Dàwèi mǎi le yì běn Hànyǔ shū hé yì zhī
最后，他们还去了书店，大卫买了一本汉语书和一支

qiānbǐ, yīnwéi tā hěn xiǎng xué Hànyǔ. Suīrán hěn lèi, dànshì tāmen dōu mǎi dào
铅笔，因为他很想学汉语。虽然很累，但是他们都买到

le xiǎng yào de dōngxi, suǒyǐ dàjiā dōu hěn gāoxìng.
了想要的东西，所以大家都很高兴。

词汇 3 Vocabulary 3

1	张红	Zhāng Hóng	*n.*	a Chinese name
2	东西	dōngxi	*n.*	thing
3	先	xiān	*adv.*	first (HSK3 Word)
4	杯子	bēizi	*n.*	cup
5	卖	mài	*v.*	to sell
6	然后	ránhòu	*conj.*	then (HSK3 Word)
7	介绍	jièshào	*v.*	to introduce
8	种	zhǒng	*m.*	classifier for types, kinds, sorts (HSK3 Word)
9	华为 *	Huáwéi	*n.*	the brand, HUAWEI
10	新	xīn	*adj.*	new

11	最后	zuìhòu	*n.*	at last (HSK3 Word) 最：the most 后：back, later
12	书店	shūdiàn	*n.*	bookstore 书：book 店：inn, shop, store
13	本	běn	*m.*	a measure word for books
14	支	zhī	*m.*	classifier for rods such as pens (HSK5 Word)
15	铅笔	qiānbǐ	*n.*	pencil 铅：lead (chemistry) 笔：pen
16	累	lèi	*adj.*	tired
17	大家	dàjiā	*pron.*	everyone
18	高兴	gāoxìng	*adj.*	happy, glad

注释 Notes

一、量词（Measure Word）

在汉语中，数词、指示代词不能直接用在名词前边，需要加量词。例如：一个朋友，一斤苹果，一本书等。

In Chinese, numbers and pronouns cannot be followed immediately by nouns; in this case, measure words should be used. For example, 一个朋友，一斤苹果，一本书 etc.

二、不定量词（Indefinite Quantifier）

在汉语中，常用“点儿”和“些”表示不确定数量的事物的量词。它们前面常加“一”“这”“那”。“些”表示的量比“点儿”多。例如：

In Chinese, indefinite quantifier words such as “点儿” and “些” are often used refer to uncertain quantity, and they are always proceeded by “一” “这” “那”. Typically, “些” would indicate more quantity than “点儿”. For example,

便宜一点儿。

大一些。

三、结构助词"的"（The Structure Particle "的"）

名词 / 形容词 / 动词 + 的 + 名词：表示一种区别关系。"的"后面的名词也可以省略。例如：

The structure "noun/adjective/verb + 的 + noun" indicates distinction. The noun behind "的" can be omitted. For example,

白色的杯子

跳舞的女孩

踢足球的男孩

四、副词"就"（The Adverb "就"）

"就 + 动词"表示承接上文，得出结论。例如：

The structure " 就 +verb" indicates a conclusion or resolution made on the basis of what has been mentioned previously. For example,

红色的衣服太长了，就买白色的吧。

生病了，就去医院吧。

今天太冷了，就不去运动了。

语 法 Grammar

一、问价格（Asking About Price）

Noun	多少钱	一	measure word
苹果	多少钱	一	斤?
汉语书	多少钱	一	本?
杯子	多少钱	一	个?
衣服	多少钱	一	件?

二、助词"了"（The Particle Word "了）

"了"用在句中，表示已经发生或者将要发生的情况。

"了" which is used at the middle of a sentence to indicate a situation that has already happened or will happen.

（一）“了”用在动词后，动词后的宾语前一般要有定语，如数量词等。例如：

“了” can be used after a verb. There is usually a modifier before the object, such as a numeral classifier etc. For example,

主语（Subject）	动词（Verb）	了	数量词 / 形容词 / 代词（Number-measure word/Adjective/Pronoun）	宾词（Object）
我	买	了	一个	新手机。
大卫	看	了	三本	书。
玛丽	写	了	一百个	汉字。

（二）“了”的否定形式是：“没 + 动词”，“了”要去掉。例如：

The negative form of “了” is “没 +verb”. In the negative form, “了” should be omitted. For example,

主语（Subject）	没	谓语（Predicate）
他	没	去商店。
她	没	买衣服。
我	没	去学校。

三、“那”+ 决定 / 建议（“那”+Suggestion/Decision）

当从先前的上下文得出判断或结果时，可以使用“那”来进行连接。例如：

When a judgment or result is derived from the previous context, you can use “那” to connect. For example,

红色的太长了，那就买白色的吧。

大苹果和小苹果都是五块钱一斤，那我买大的。

学校 8 点上课，那你早点来吧。

汉 字 Chinese Characters

一、汉字知识（Knowledge of Chinese Characters）

The Formation of Chinese Characters (3): Associative

The associative formation is a character-forming method by which two or more components with specific meanings are combined to create a character with a new meaning. Such a method can be used to express pictographs that cannot be drawn directly to represent complicated actions and senses. The proportion of such characters in Chinese is not large. Among the frequently used are:

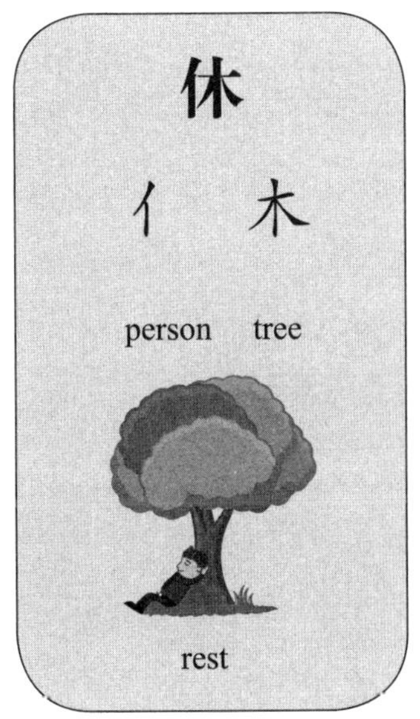

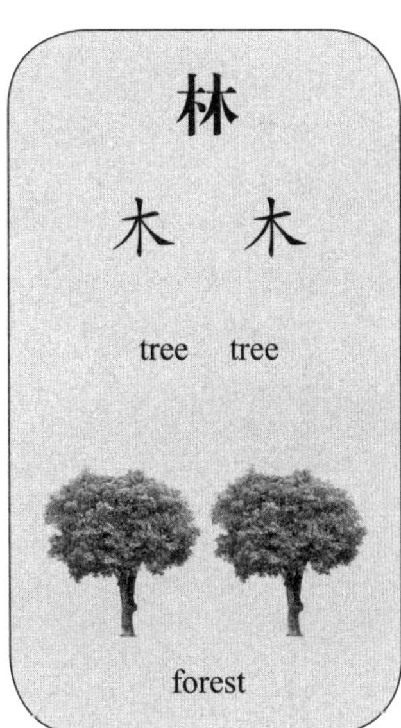

The Formation of Chinese Characters (4): Pictophonetic

The pictophonetic formation is a method by which a phonetic radical indicating the pronunciation and a pictographic radical indicating the meaning are combined to form a character. Pictophonetic characters account for a large proportion. For example,

Chinese characters	Pronunciation	Meaning	Phonetic radical	Pictographic radical
爸	bà	father	巴（bā）	父（father）
饱	bǎo	be full	包（bāo）	饣（food）
洋	yáng	ocean	羊（yáng）	氵（water）

二、学写基本汉字（Learn to Write Basic Chinese Characters）

Character	Stroke order
① qiān 千 thousand	丿 二 千
② bái 白 white	丿 亻 白 白 白
③ cháng 长 long	丿 ㇀ 长 长
④ běn 本 a measure word for books	一 十 才 木 本
⑤ guǒ 果 fruit	丨 冂 冃 日 旦 甲 果 果

三、认写汉字（Learn and Write Chinese Characters）

① mǎi 买 buy	买买买买买买	我去（　　）苹果。 他（　　）了一本书。
② jīn 斤 equals to 500 grams	斤斤斤斤斤斤	10块钱一（　　）。 多少钱一（　　）？
③ dōng 东 east	东东东东东东	（　　）西
④ bǎi 百 hundred	百百百百百百	一（　　）块 五（　　）块
⑤ diǎn 点 dot, o'clock	点点点点点点	一（　　）儿 有没有便宜（　　）儿的？ 现在几（　　）？

走近中国　A Touch of China

文房四宝

文房四宝——笔、墨、纸、砚，是中国独有的书写和绘画工具，也是中国书画艺术的象征。自宋代以来，文房四宝则特指各类书画用品中的极品，即湖笔、徽墨、宣纸和端砚。

湖笔产于浙江湖州，由山羊毛或狼毛制成，笔头尖、齐、圆、健。山羊毛柔软，适合大尺幅的书画，而狼毛硬，适合小尺幅的书画。

徽墨产于徽州，始制于唐代。它们是用黄山烧焦的松木灰制成，然后与胶水混合，将混合物放入楠木模具中，并雕刻出凉亭、宝塔、丘陵、溪流和植物等图案。好的条墨是黑色的，带有光泽，它写的字符不易褪色。

宣纸最初产自于唐朝时期的景县，该县由宣州管辖，因此得名宣纸。该纸是白蜡树皮和稻草经过 18 个步骤制成的，具有雪白、柔软、耐用、吸水和防蛀的功效。因此，它是中国传统书画采用的主要纸张。

端砚，是中国“四大名砚”之首，最早产于历史上的端州，因为出自端溪地区，也称作“端溪砚”。它质地细腻、坚实，有光泽，墨水在其中不会很快变干。砚台可以雕刻成各种形状和图案，并用作精美的书桌装饰品。

The Four Treasures of the Study

The four treasures of the study pen(brush), ink, paper and inkstone, are unique writing and painting tools in China, and are also a symbol of Chinese painting and calligraphy. Since the Song Dynasty, the four treasures of the study have specifically referred to the best and most famous of all kinds, namely, Hu brush, Hui ink, rice paper and Duan inkstone.

The Hu brush is produced in Huzhou, Zhejiang. It is made from goat or wolf hair. The brush tip is sharp, straight, round and healthy. Goat hair is soft, suitable for large-scale paintings and calligraphy, while wolf hair is hard, suitable for small-scale paintings and calligraphy.

Hui ink was produced in Huizhou and was first made in Tang Dynasty. They are made of burnt pine wood ash from Huangshan, then mixed with glue, put the mixture into a nanmu mold, and carved patterns such as pavilions, pagodas, hills, streams and plants. A good bar ink is black with gloss, and the characters it writes will not fade easily.

Rice paper was originally produced in Jingxian County during the Tang Dynasty, which was under the jurisdiction of Xuanzhou, hence it is called Xuanzhi. The paper is made from ash bark and straw through 18 steps. It is white, soft, durable, water-absorbing and mothproof. Therefore, it is the main paper used in traditional Chinese calligraphy and painting.

Duan inkstone ranks the first of China's "Four Famous Inkstones". It was first produced in Duanzhou in history because it came from Duanxi area and is also called "Duanxi inkstone". It is fine, firm, and shiny, and the ink does not dry out quickly in them. The inkstone can be carved into various shapes and patterns and used as an exquisite decoration on the desk.

学而时习之 Practice Makes Progress

（一）选词填空（Fill in the blanks with the correct option）

shāngdiàn jiàn guì mǎi hēi
A. 商店 B. 件 C. 贵 D. 买 E. 黑

Zhè yīfu hěn piàoliang.
1. 这（ ）衣服很漂亮。

Wǒ bù xǐhuan sè de bēizi, wǒ xǐhuan báisè de.
2. 我不喜欢（ ）色的杯子，我喜欢白色的。

Dàwèi qù shūdiàn shū.
3. 大卫去书店（ ）书。

Tài le! Piányi yìdiǎnr ba!
4. 太（ ）了！便宜一点儿吧！

Tā qù mǎi yīfu.
5. 他去（ ）买衣服。

（二）替换练习（Pattern drills）

Píngguǒ duōshao qián yì jīn

1. A：苹果多少钱一斤？

Píngguǒ wǔ kuài qián yì jīn.

B：苹果五块钱一斤。

Hànyǔ shū	běn	sānshí
汉语书	本	三十
bēizi	gè	shí
杯子	个	十
yīfu	jiàn	wǔbǎi
衣服	件	五百

Dàwèi mǎi le yì běn Hànyǔ shū.

2. 大卫买了一本汉语书。

gè	shǒujī
个	手机
jiàn	yīfu
件	衣服
jīn	píngguǒ
斤	苹果

（三）句子匹配（Match the sentences）

Zhège bēizi tài guì le!

A. 这个杯子太贵了！

Hànyǔ shū duōshao qián yì běn?

B. 汉语书多少钱一本？

Nà jiàn yīfu hěn piàoliang.

C. 那件衣服很漂亮。

Wǒ bù xǐhuan hēisè de.

D. 我不喜欢黑色的。

Wǒ juéde hóngsè de hé báisè de dōu hěn piàoliang.

E. 我觉得红色的和白色的都很漂亮。

Wǒ xǐhuan báisè de.

1. 我喜欢白色的。　（　　）

Piányi yìdiǎnr, kěyǐ ma?

2. 便宜一点儿，可以吗？　（　　）

Wǔshí kuài yì běn.

3. 五十块一本。　（　　）

Dànshì tài guì le!

4. 但是太贵了！　（　　）

Nǐ juéde nǎ jiàn piàoliang?

5. 你觉得哪件漂亮？　（　　）

（四）看句子选图（Choose the right picture according to the sentence）

A B C D E F

Píngguǒ duōshao qián yì jīn?
1. 苹果多少钱一斤？ （ ）

Zhège bēizi shì báisè de.
2. 这个杯子是白色的。 （ ）

Shǒujī hěn piàoliang.
3. 手机很漂亮。 （ ）

Wǒ xiǎng mǎi yí jiàn yīfu.
4. 我想买一件衣服。 （ ）

Zhè běn Hànyǔ shū bú guì.
5. 这本汉语书不贵。 （ ）

Tā hē le xiē shuǐ.
6. 他喝了些水。 （ ）

（五）判断对错（True or false）

Báisè de yīfu wǔbǎi kuài yí jiàn, hēisè de yīfu liǎngbǎi yuán yí jiàn.
1. 白色的衣服五百块一件，黑色的衣服两百元一件。

Báisè de yīfu guì, hēisè de yīfu piányi.
★ 白色的衣服贵，黑色的衣服便宜。 （ ）

Dàwèi qù shūdiàn mǎi shū, Mǎlì qù shāngdiàn mǎi yīfu.
2. 大卫去书店买书，玛丽去商店买衣服。

Mǎlì qù shūdiàn mǎi yīfu.
★ 玛丽去书店买衣服。（　　）

Wǒ shàngwǔ qù shāngdiàn mǎi le gè xīn shǒujī, jiǔbǎi duō kuài qián, hěn piányi.
3. 我上午去商店买了个新手机，九百多块钱，很便宜。

Nàge shǒujī yìqiān kuài.
★ 那个手机一千块。（　　）

Nǐ zhīdào "yìyuándiàn" ma? Zài "yìyuándiàn", yíkuài qián kěyǐ mǎi yí gè dōngxi.
4. 你知道"一元店"吗？在"一元店"，一块钱可以买一个东西。

"yìyuándiàn" de dōngxi hěn guì.
★"一元店"的东西很贵。（　　）

Tā xiǎng mǎi báisè de bēizi, dànshì mài wán le, suǒyǐ tā jiù mǎi le yí gè hóngsè de bēizi.
5. 她想买白色的杯子，但是卖完了，所以她就买了一个红色的杯子。

Tā mǎi le yí gè hóngsè de bēizi.
★ 她买了一个红色的杯子。（　　）

Zhège fàndiàn de cài zhēn hǎochī
第九课　这个饭店的菜真好吃

学习目标 Learning Objectives

1. 学会“吃”和与之相搭配的名词

Learn “吃” as a verb and it’s collocations

2. 学会谈论有关食物的话题

Learn how to talk about food

课文 1 Text 1

Nǐ chī jīdàn ma?
A：你吃鸡蛋吗？

Wǒ bù chī，wǒ chī jīdàn huì guòmǐn.
B：我不吃，我吃鸡蛋会过敏。

Nǐ hē niúnǎi ma?
A：你喝牛奶吗？

Bù hē，wǒ hē niúnǎi hùi bù shūfu.
B：不喝，我喝牛奶会不舒服。

词汇 1 Vocabulary 1

1	鸡蛋	jīdàn	*n.*	egg 鸡：chicken　蛋：egg
2	过敏	guòmǐn	*v.*	be allergic to (HSK 5 Word)
3	牛奶	niúnǎi	*n.*	milk 牛：cow　奶：milk

课文 2 Text 2

(Dàwèi hé Mǎlì qù fàndiàn chīfàn，fúwùyuán kāi mén huānyíng tāmen)
（大卫和玛丽去饭店吃饭，服务员开门欢迎他们）

Fúwùyuán：Xiānsheng，qǐngwèn nín yào chī diǎnr shénme?
服务员：先生，请问您要吃点儿什么？

Dàwèi：Wǒ yào hóngshāo yú hé mǐfàn.
大卫：我要红烧鱼和米饭。

Fúwùyuán：Xiǎojiě，nín ne?
服务员：小姐，您呢？

Mǎlì：Wǒ yào kǎo yángròu hé miàntiáo.
玛丽：我要烤羊肉和面条。

Fúwùyuán：Nǐmen yào hē diǎnr shénme?
服务员：你们要喝点儿什么？

Dàwèi：Wǒ hē chá. Mǎlì，nǐ ne?
大卫：我喝茶。玛丽，你呢？

Mǎlì：Wǒ hē kāfēi.
玛丽：我喝咖啡。

(Dàwèi hé Mǎlì kāishǐ chīfàn)
（大卫和玛丽开始吃饭）

Dàwèi：Yú hěn hǎochī. Mǎlì，yángròu hǎochī ma?
大卫：鱼很好吃。玛丽，羊肉好吃吗？

Mǎlì：Yángròu yě hěn hǎochī. Zhège fàndiàn de cài zhēn búcuò!
玛丽：羊肉也很好吃。这个饭店的菜真不错！

Yǒu shíjiān wǒmen zài lái ba!
有时间我们再来吧！

Dàwèi：Hǎode.
大卫：好的。

(Chī wán fàn，Dàwèi hé Mǎlì yào zǒu le. Fúwùyuán xiào zhe shuō：“huān-yíng zài lái!”)
（吃完饭，大卫和玛丽要走了。服务员笑着说：“欢迎再来！”）

词汇 2 Vocabulary 2

1	饭店	fàndiàn	*n.*	restaurant 饭：meal 店：inn, shop, store
2	服务员	fúwùyuán	*n.*	waiter, waitress
3	开	kāi	*v.*	to open
4	门	mén	*n.*	door
5	欢迎	huānyíng	*v.*	to welcome (HSK3 Word)
6	先生	xiānsheng	*n.*	sir, Mr.
7	红烧鱼 *	hóngshāo yú	*n.*	braised fish 红：red 烧：braised 鱼：fish
8	米饭	mǐfàn	*n.*	rice 米：rice 饭：meal
9	小姐	xiǎojiě	*n.*	Miss, young lady
10	烤羊肉 *	kǎo yángròu	*n.*	roasted mutton 烤：to roast 羊：sheep, goat 肉：meet
11	面条	miàntiáo	*n.*	noodles
12	茶	chá	*n.*	tea
13	咖啡	kāfēi	*n.*	coffee
14	好吃	hǎochī	*adj.*	tasty 好：good 吃：to eat
15	菜	cài	*n.*	dish
16	真	zhēn	*adv.*	very
			adj.	real
17	不错	búcuò	*adj.*	pretty good
18	再	zài	*adv.*	again
19	来	lái	*v.*	to come
20	走	zǒu	*v.*	to leave, to walk
21	笑	xiào	*v.*	to smile, to laugh
22	着	zhe	*part.*	an aspect particle

注 释 Notes

一、要（Want + Noun）

“要”表示希望得到，可带名词宾语。

“要” means want and can be followed by a noun that is the object.

A：你要什么？

B：我要咖啡 / 我要汉语书 / 我要一个苹果 / 我要两个鸡蛋。

二、语气副词“真”（The Modal Adverb “真”）

“真+形容词”表示感叹的语气，意思是的确、实在。例如：

The structure “真 + adjective” expresses an exclamatory tone, meaning “really, indeed” . For example,

这件衣服真漂亮！

这些苹果真大！

这个杯子真贵！

今天真热！

语 法 Grammar

动词 + 着

动词后边加动态助词“着”，用于表示动作或状态的持续。主要用于描写。例如：

A verb plus the aspect particle “ 着 ” indicates the duration of an action or a state. It is mainly used for description. For example:

主语(Subject)	动词 1（Verb1）	着 + 宾语 1（Object1）	动词 2（Verb2）+ 宾语 2（Object 2）
服务员	笑	着	说：欢迎再来。
他	跑	着	去学校。
大卫	开	着门	睡觉。
我	走	着	去公司。

汉　字　Chinese Characters

一、汉字知识（Knowledge of Chinese Characters）

The Structure of Chinese Characters (1): Left-right

Structurally speaking, Chinese characters falls into two categories: the single-component characters, such as "人" "日", and the multi-component ones. The multi-component characters are those composed of two or more independent components. According to how components form characters in terms of the spatial structure, the characters can be divided into those structured with left and right, top and bottom, inside and outside, and those with special structures.

The basic structure of the left-right character is as follows:

a. Equal left-right

1 | 2　朋

b. Small left-big right

c. Big left-small right

d. Equal left-middle right

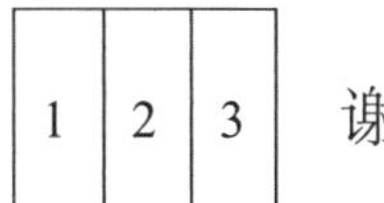

*The numbers indicate the order of writing the components.

二、学写基本汉字（Learn to Write Basic Chinese Characters）

① mǐ 米 uncooked rice, meter	丶 丷 丷 半 米 米 米 米 米 米 米 米
② niú 牛 cattle	丿 𠂉 𠂉 牛 牛 牛 牛 牛 牛 牛
③ shǎo 少 few, less	丨 小 小 少 少 少 少 少 少 少
④ kāi 开 to open, to turn on	一 二 于 开 开 开 开 开 开 开
⑤ zǒu 走 to go, to walk	一 十 土 丰 丰 赱 走 走 走 走 走 走 走

三、认写汉字（Learn and Write Chinese Characters）

① fàn 饭 meal	丿 𠂊 饣 饣 饣 饭 饭 饭 饭 饭 饭 饭 饭	米（　　） 我们去吃（　　）。
② jiě 姐 elder sister	𡿨 女 女 如 如 如 姐 姐 姐 姐 姐 姐 姐 姐	小（　　） 姐（　　）
③ zài 再 again	一 丆 冂 万 冉 再 再 再 再 再 再 再	（　　）见！ 欢迎（　　）来！
④ ròu 肉 meat	丨 冂 内 内 肉 肉 肉 肉 肉 肉 肉 肉	羊（　　） 牛（　　） 鸡（　　）
⑤ lái 来 to come	一 𠃌 𠃌 亞 平 来 来 来 来 来 来 来 来	欢迎再（　　）！

走近中国 A Touch of China

八大菜系

中国地域辽阔，民族众多，各地各民族的食物风味和饮食习惯各异，食材、切配和烹饪方法也千差万别。经过长期的发展，中国菜逐渐形成了八大菜系。

川菜

四川菜包括重庆和四川许多具有当地风味的特色菜肴。川菜以其辛辣和新鲜的风味而居首位，也是民间最大的菜系。像大家耳熟能详的鱼香肉丝、宫保鸡丁和麻婆豆腐等都是它的名菜。

鲁菜

山东菜以使用青葱为其招牌菜调味而闻名，咸、脆、嫩，火候精湛。糖醋鲤鱼、烤乳猪和葱烧海参等都是当地常见的菜肴。

苏菜

江苏是鱼米之乡，因此苏菜也以海鲜闻名，口味清淡，刀工精细，烹饪方法多样。代表性菜式包括松鼠鳜鱼、狮子头、盐水鸭和豆芽鸡丝等。

浙菜

浙江盛产海味，菜式精细，品种繁多，口味清新雅致，菜肴文化色彩浓郁。杭州菜、宁波菜、绍兴菜和温州菜最有代表性。醋汁西湖鱼、东坡肉、龙井虾仁、奉化摇蚶和南湖蟹肉等都久负盛名。

粤菜

广东菜可谓国外的中国代表菜系之一，主要由来自广州、潮州和东江的三个菜系构成，以鲜香为主。其著名的菜肴包括白煮大虾、白切鸡、肠粉、卤水拼盘和砂锅粥等，广式早茶更是为人津津乐道。

湘菜

湖南美食种类繁多，口味香辣独特，地方特色鲜明，而且颇有创新性，既有臭豆腐这样的名小吃，又有菊花鱿鱼和荷花金鱼这样的新创菜式。

闽菜

福建菜由福州、闽南和闽西三地的特色菜组成，口味清淡柔嫩，既有佛跳墙这样的招牌菜，又有沙县小吃这样的亲民系列。

徽菜

安徽菜以山珍美食而闻名，口味鲜辣，烹饪方法主要是炖和煮。代表性菜肴包括凤炖牡丹、黄山炖鸽、方腊鱼和荷叶粉蒸肉等。

China's Eight Major Cuisines

China has a vast territory and many ethnic groups. The food flavors and habits of various ethnic groups and regions are quite diverse, and the ingredients, cutting and cooking methods are also very different. After long-term development, Chinese cuisine has gradually formed eight major cuisines.

Chuan Cuisine

Chuan cuisine includes many local specialties in Chongqing and Sichuan. Chuan cuisine ranks first for its spicy and fresh flavor, and it is also the largest folk cuisine in China. It has many famous dishes such as shredded pork with garlic sauce, Kung Pao Chicken and Mapo Tofu, etc.

Lu Cuisine

Lu cuisine is famous for its signature dishes with shallots, which are salty, crispy, tender and superb. For example, sweet and sour carp, roasted suckling pig and sea cucumber with green onions are common local dishes.

Su Cuisine

Su is called the hometown of fish and rice, so Su cuisine is also famous for its seafood, with light taste, fine knives and various cooking methods. Representative dishes include squirrel-shaped mandarin fish with sweet and sour flavor, braised pork ball in brawn sauce, salted duck and bean sprouts with chicken shreds.

Zhejiang Cuisine

Zhejiang is rich in seafood with elegant dish layout, diverse varieties, fresh taste. And the dishes are full of Chinese culture. Hangzhou cuisine, Ningbo cuisine, Shaoxing cuisine and Wenzhou cuisine are the most representative. West Lake fish in vinegar sauce, Dongpo meat, Longjing shrimp, Fenghua shake cockles and Nanhu crab meat are all well-known.

Cantonese Cuisine

Cantonese cuisine can be described as one of the representative Chinese cuisines abroad, mainly composed of three cuisines from Guangzhou, Chaozhou and Dongjiang. Its famous dishes include boiled prawns, soft-boiled Chicken, rice noodle rolls, marinated assorted meat and claypot porridge, etc. The Cantonese-style dim sum is also very distinctive and popular.

Hunan Cuisine

Hunan has a wide variety of cuisines with unique and spicy flavors and is full of distinctive local characteristics with innovation. It includes not only the famous snacks of stinky tofu, but also new dishes such as chrysanthemum squid and lotus goldfish.

Fujian Cuisine

Fujian cuisine consists of three specialties of Fuzhou, Southern Fujian and Western Fujian. The taste is light and tender. There are signature dishes such as Buddha Jumping over the Wall and a family-friendly series such as Shaxian snacks.

Anhui Cuisine

Anhui cuisine is famous for its delicacies and feast, which tastes fresh and spicy, and the food are mainly stewed and boiled. Representative dishes include chicken stewed with pork belly(literally called phoenix stewed peony), Huangshan stewed pigeon, scalloped fish and steamed pork with lotus leaf.

学而时习之　Practice Makes Progress

（一）选词填空（Fill in the blanks with the correct option）

shǎo　jīdàn　xiào　zhēn　fàndiàn
A. 少　B. 鸡蛋　C. 笑　D. 真　E. 饭店

Dàwèi hé Mǎlì qù　　chīfàn.
1. 大卫和玛丽去（　　）吃饭。

Fúwùyuán　　zhe shuō: "huānyíng zài lái!"
2. 服务员（　　）着说："欢迎再来！"

Bàba xǐhuan hē kāfēi, hěn ( ) hē chá.
3. 爸爸喜欢喝咖啡,很( )喝茶。

Zhège fàndiàn de cài ( ) hǎochī!
4. 这个饭店的菜( )好吃!

Tā zǎoshang chī le liǎng gè ( ).
5. 他早上吃了两个( )。

(二)替换练习(Pattern drills)

Zhōngguó cài zhēn hǎochī!
1. 中国菜真好吃!

zhè jiàn	yīfu	piàoliang
这件	衣服	漂亮
zhège	bēizi	guì
这个	杯子	贵

Qǐng wèn, nín yào chī diǎnr shénme?
2. 请问,您要吃点儿什么?

Wǒ yào hóngshāo yú.
我要红烧鱼。

chī	jīdàn
吃	鸡蛋
hē	niúnǎi
喝	牛奶

(三)句子匹配(Match the sentences)

Xiānsheng, nín hē shénme?
A. 先生,您喝什么?

Xiǎojiě, nín chī shénme?
B. 小姐,您吃什么?

Yǒu shíjiān wǒmen zài lái chī ba!
C. 有时间我们再来吃吧!

Tā xǐhuan hē kāfēi.
D. 他喜欢喝咖啡。

Hěn hǎochī, yú yě hěn hǎochī.
E. 很好吃,鱼也很好吃。

Wǒ chī mǐfàn.
1. 我吃米饭。 ( )

Hǎode.
2. 好的。 (   )

Wǒ hē chá.
3. 我 喝 茶。 (   )

Tā hěn shǎo hē chá.
4. 他 很 少 喝 茶。 (   )

Mǎlì, yángròu hǎochī ma?
5. 玛丽， 羊 肉 好 吃 吗？ (   )

（四）看句子选图（Choose the right picture according to the sentence）

A B C D E F

Bàba xǐhuan hē kāfēi.
1. 爸爸 喜 欢 喝 咖啡。 (   )

Yú zhēn hǎochī!
2. 鱼 真 好吃！ (   )

Tāmen xiào le.
3. 他 们 笑 了。 (   )

Tā chī le liǎng gè jīdàn.
4. 他 吃 了 两 个 鸡蛋。 (   )

Wǒ xǐhuan hē niúnǎi.
5. 我 喜欢 喝 牛奶。 ( )

Fúwùyuán xiào zhe shuō: “nín hǎo!”
6. 服务员 笑 着 说:“您 好!” ( )

(五)判断对错(True or false)

Bàba xǐhuan hē kāfēi, tā hěn shǎo hē chá.
1. 爸爸 喜欢 喝咖啡,他 很 少 喝 茶。

Bàba xǐhuan hē chá.
★爸爸 喜欢 喝 茶。 ( )

Zhège fàndiàn de cài zhēn guì!
2. 这个 饭 店 的菜 真 贵!

Zhège fàndiàn de cài tài guì le!
★这个 饭 店 的 菜 太 贵 了! ( )

Mǎlì xǐhuan chī yángròu, bù xǐhuan chī yú.
3. 玛丽 喜欢 吃 羊 肉,不 喜欢 吃 鱼。

Mǎlì xǐhuan chī yú.
★玛丽 喜欢 吃 鱼。 ( )

Zǎoshang tā chī le liǎng gè jīdàn, méi hē niúnǎi.
4. 早 上 他吃 了 两 个 鸡蛋,没 喝 牛 奶。

Zǎoshang tā hē niúnǎi le.
★早 上 他 喝 牛 奶 了。 ( )

Wǒ bù chī jīdàn, wǒ chī jīdàn huì guòmǐn.
5. 我 不 吃 鸡蛋,我 吃 鸡蛋 会 过 敏。

Wǒ chī jīdàn huì bù shūfu.
★我 吃 鸡蛋 会 不 舒服。 ( )

Zhàngfu zhèngzài dǎ yóuxì
第十课　丈夫正在打游戏

学习目标 Learning Objectives

1. 学会有关日常活动的交流用语

Learn how to talk about daily activities.

2. 用"正（在）……呢"句型表述正在进行的动作

Used sentences such as "正（在）……呢" indicate an action in progress

课文 1 Text 1

(Qīzi zhèngzài gěi zhàngfu dǎ diànhuà)
(妻子正在给丈夫打电话)

Qīzi : Wèi, nǐ huí jiā le ma?
妻子：喂，你回家了吗？

Zhàngfu: Wǒ huí jiā le. Nǐ zài nǎr?
丈夫：我回家了。你在哪儿？

Qīzi : Wǒ zài gōngsī. Nǐ zài zuò shénme ne?
妻子：我在公司。你在做什么呢？

Zhàngfu: Wǒ zài fángjiān li dǎ yóuxì ne!
丈夫：我在房间里打游戏呢！

Qīzi : Yòu zài dǎ yóuxì ne? Xiūxi xiūxi ba, wánr tài cháng shíjiān duì yǎnjing bù hǎo.
妻子：又在打游戏呢？休息休息吧，玩儿太长时间对眼睛不好。

Zhàngfu: Hǎode.
丈夫：好的。

词汇 1 Vocabulary 1

1	妻子	qīzi	*n.*	wife
2	正在	zhèngzài	*adv.*	in the process of an action
3	给	gěi	*prep.*	to
			v.	to give
4	打电话	dǎ diànhuà		to call 打：to call　电：electricity　话：dialogue
5	喂	wèi	*int.*	hello
6	房间	fángjiān	*n.*	room 房：room　间：space
7	里	li	*n.*	inside
8	游戏	yóuxì	*n.*	game (HSK3 Word)
9	又	yòu	*conj.*	(once) again
10	对	duì	*prep.*	to, towards
11	眼睛	yǎnjing	*n.*	eyes

课文 2 Text 2

(Zhàngfu hé qīzi zhèngzài kàn diànshì)
(丈夫和妻子正在看电视)

Qīzi: Nǐ xiǎng chī shénme shuǐguǒ?
妻子：你想吃什么水果？

Zhàngfu: Xīguā ba.
丈　夫：西瓜吧。

Qīzi: Hǎode. Shénme shíhou wǒmen yìqǐ chūqu kàn diànyǐng ba, shùnbiàn guàngguang, wǒ xiǎng gěi nǚ'ér mǎi yí kuài shǒubiǎo.
妻子：好的。什么时候我们一起出去看电影吧，顺便逛逛，我想给女儿买一块手表。

Zhàngfu: Nà jiù xīngqīliù qù ba.
丈　夫：那就星期六去吧。

词汇 2 Vocabulary 2

1	电视	diànshì	*n.*	TV 电：electricity 视：vision
2	水果	shuǐguǒ	*n.*	fruit 水：water 果：fruit
3	西瓜	xīguā	*n.*	watermelon
4	时候	shíhou	*n.*	time
5	出去	chūqu	*v.*	to go out 出：out 去：to go
6	电影	diànyǐng	*n.*	film 电：electricity 影：shadow
7	顺便	shùnbiàn	*adv.*	in passing (HSK4 Word)
8	逛	guàng	*v.*	to stroll (HSK4 Word)
9	女儿	nǚ’ér	*n.*	daughter
10	手表	shǒubiǎo	*n.*	watch 手：hand 表：watch

课文 3 Text 3

(Qīzi zhèngzài mǎi diànyǐng piào)
（妻子 正 在 买 电 影 票 ）

Fúwùyuán: Nín hǎo! Nín yào mǎi jǐ zhāng diànyǐng piào?
服务员：您 好！您 要 买 几 张 电 影 票？

Qīzi: Wǒ yào liǎng zhāng.
妻子：我 要 两 张 。

Fúwùyuán: Liǎng zhāng piào wǔshí yuán. Gěi nín, qǐng shōu hǎo.
服务员：两 张 票 五十 元 。给 您，请 收 好。

Zhàngfu: Piào mǎi le ma?
丈 夫：票 买 了 吗？

Qīzi: Mǎi le. Wǒmen jìnqu ba.
妻子：买 了。我 们 进去 吧。

Zhàngfu: Hǎode.
丈 夫：好 的。

词汇 3 Vocabulary 3

1	票	piào	*n.*	ticket
2	张	zhāng	*m.*	a measure word for paper, ticket, etc. (HSK3 Word)
3	收	shōu	*v.*	to collect (HSK4 Word)
4	进去	jìnqu	*v.*	to go in 进：enter　去：to go

注释 Notes

一、叹词“喂”（The Interjection“喂”）

“喂”是给某人打电话或者接听别人电话时的常用语。例如：

The word is often used when calling someone or answering a phone call. For example,

1. A: 喂，李老师在家吗？

   B: 她不在家，去学校了。

2. A: 喂，你是张小姐吗？

   B: 对，您是……？

二、介词“对……好 / 不好”（The Preposition“对……好 / 不好”）

“对”可以表示人和人、人和事物、事物和事物之间的对待关系。例如：

The Preposition“对”can indicate a subject-target relation between people or things. For example,

主语（Subject）	谓语（Predicate）		
	对	宾语（Object）	（不）好
跑步	对	身体	好。
吃太多	对	身体	不好。
看太多电视	对	眼睛	不好。

三、动词的重叠（Reduplication of Verbs）

动词的重叠形式用来表达短时间、少量、轻微、尝试的意思，语气比较轻松、随便，多用于口语中。例如：

The reduplication form of a verb indicates a short time, a small quantity, a slight degree or an attempt, conveying a relaxed and casual mood. It is often used in spoken Chinese. For example,

单音节动词的重叠形式：

Reduplication forms of monosyllabic verbs:

A	AA	A一A
说	说说	说一说
看	看看	看一看
想	想想	想一想

双音节动词的重叠形式：

Reduplication forms of disyllabic verbs:

AB	ABAB
休息	休息休息
学习	学习学习
运动	运动运动

Grammar

一、双宾语句“给”[The Double Objects Sentence “给” (give)]

（一）1st person + “给” + 2nd person + something

1. 我给她一个苹果。

2. 玛丽给他一个手机。

（二）1st person “给” 2nd person do something

1. 我给妈妈打电话。

2. 她给妹妹买了一件衣服。

二、"（正）在……呢"表示动作正在进行 ["（正）在……呢" Used to Indicate an Action in Progress]

动词前加副词"（正）在"，或者句末用语气助词"呢"表示动作正在进行。例如：

An action in progress can be expressed by adding the adverb "（正）在" before a verb or by using the modal particle "呢" at the end of a sentence.For example,

主语（Subject）	（正）在	动词＋宾语（Verb+Object）	（呢）
我	（正）在	睡觉	（呢）。
你	（正）在	做什么	（呢）？
玛丽	（正）在	学习汉语	（呢）。

汉字 Chinese Characters

一、汉字知识（Knowledge of Chinese Characters）

The Structure of Chinese Characters (2)：Upper-lower

The basic structure of the upper-lower structured character is as follows:

a. Equal top-bottom

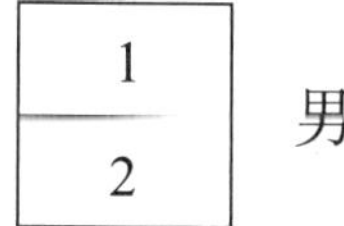

男

b. Big top-small bottom

1
2
兴

1 2
3
想

c. Small top-big bottom

1
2

家

1	
2	3

药

d. Equal top-middle-bottom

1
2
3

意

*The numbers indicate the order of writing the components.

二、学写基本汉字（Learn to Write Basic Chinese Characters）

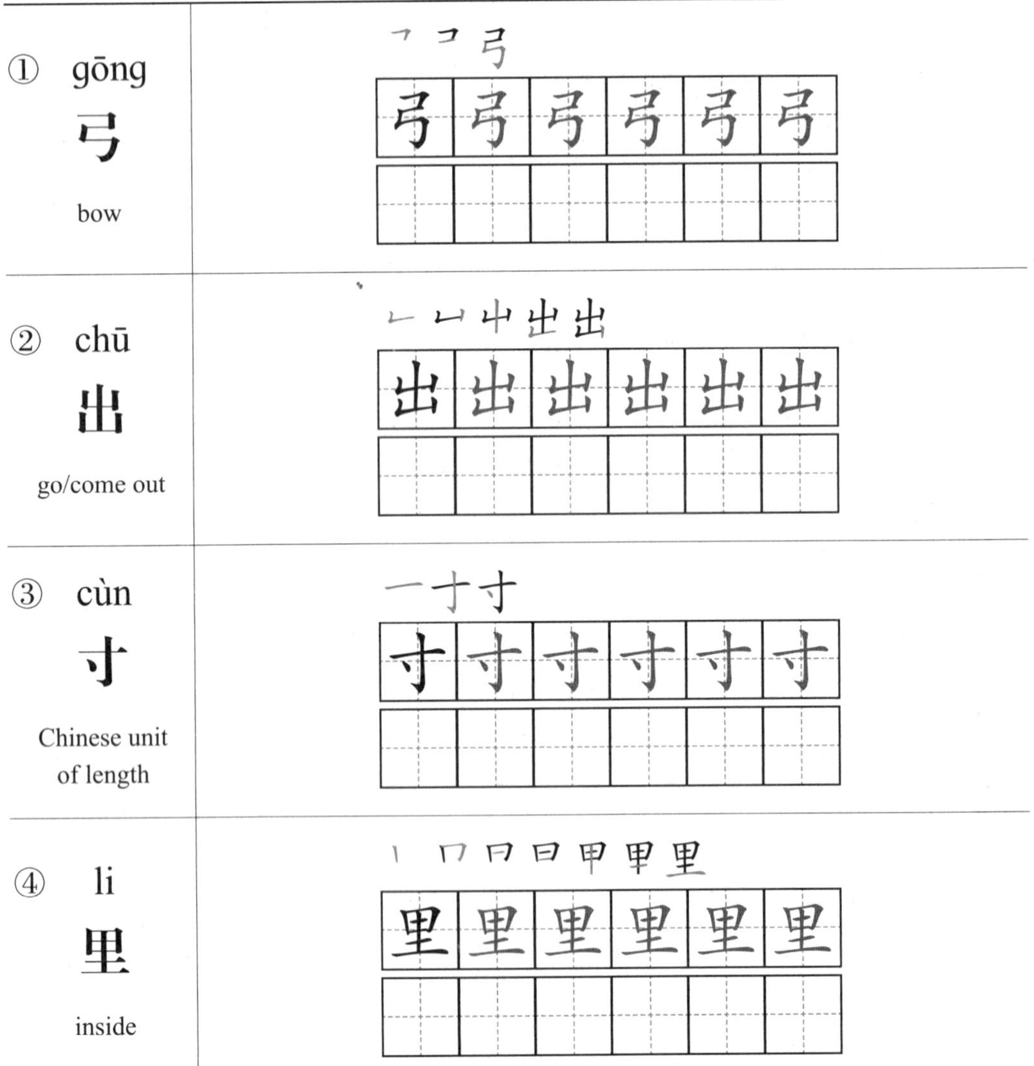

⑤ xī 西 west	一 丁 万 丙 西 西 西 西 西 西 西 西

三、认写汉字（Learn and Write Chinese Characters）

① piào 票 ticket	一 𠃍 丙 丙 覀 覀 覀 覀 票 票 票 票 票 票 票 票 票	一张电影（ ）
② yǐ 已 already	𠃍 コ 已 已 已 已 已 已 已	（ ）经
③ qù 去 to go	一 十 土 去 去 去 去 去 去 去 去	进（ ） 出（ ）
④ diàn 电 electricity	丨 冂 日 日 电 电 电 电 电 电 电	（ ）话 （ ）视 （ ）影
⑤ zhāng 张 piece	𠃍 コ 弓 弓 弘 张 张 张 张 张 张 张 张	我要两（ ）电影票。

走近中国 A Touch of China

中国电影

1896 年，上海徐园内第一次放映了“西洋影戏”。1905 年，北京大亨轩茶园上映了著名京剧演员谭鑫培主演的《定军山》片段，这是中国摄制的第一部影片，也是中国电影的开端。由此，大亨轩也被看作中国最早的电影院。1931 年，中国诞生了第一部有声电影《歌女红牡丹》。此后，中国电影紧随着时代的发展不断向前。

截至 2019 年，全国影院数量已达 12408 家，银幕总数达到 69787 块，总票房达到 642.66 亿元，全国观影人次达到 17.3 亿。2019 年全年共生产电影 1037 部，其中故事片 850 部，动画电影 51 部，科教电影 74 部，纪录电影 47 部，特种电影 15 部。

电影是社会发展的缩影。从 20 世纪 90 年代开始，好莱坞大片在中国市场上持续大热，例如 2008 年美国电影《功夫熊猫》在当时就异常火爆。但随着中国社会和科技的发展，中国电影也在快速向前，国产片势头渐强，进口片（主要是好莱坞大片）有所退热。例如 2019 年全年票房过亿元影片中，国产电影《哪吒之魔童降世》和《流浪地球》就高居前两名。

Chinese Films

In 1896, a movie from the west was screened for the first time in Xuyuan, Shanghai. In 1905, Beijing Dahengxuan Tea Garden released a segment of *Dingjunshan* starring the famous Peking opera actor Tan Xinpei. This was the first film produced by Chinese people. Correspondingly it is defined as the beginning of Chinese films. Meanwhile, Dahengxuan is also regarded as the earliest cinema in China. In 1931, China gave birth to the first sound film *Sing-Song Girl Red Peony*. Since then, Chinese films have moved forward closely with the development of the society over times.

By the end of 2019, the number of cinemas nationwide has reached 12408, the total number of screens 69787, the total box office 64.266 billion yuan, and the number of moviegoers nationwide 1.73 billion. In 2019, a total of 1037 films were produced, including 850 feature films, 51 animated films, 74 science and education films, 47 documentary films and 15 special films.

Films are the epitome of social development. Beginning in the 1990s, Hollywood blockbusters continued to be hot in the Chinese market. For example, in 2008, the American movie *Kungfu Panda* was extremely popular. However, with the development of science and technology, Chinese films are also moving forward rapidly, domestic films are gaining momentum, and imported films (mainly Hollywood blockbusters) have receded. For example, among the films with a box office of more than 100 million yuan in 2019, the domestic films *NE ZHA: I am the destiny* and *The Wandering Earth* ranked the top two.

学而时习之 Practice Makes Progress

（一）选词填空（Fill in the blanks with the correct option）

yǐjīng　　shíhou　　zhāng　　zhèngzài　　gěi
A. 已经　B. 时候　C. 张　D. 正在　E. 给

Wǒmen　　chī xīguā ne.
1. 我们（　　）吃西瓜呢。

Gěi nǐ yì　　diànyǐng piào.
2. 给你一（　　）电影票。

Tā shénme　　qù mǎi yīfu?
3. 他什么（　　）去买衣服？

Xiànzài　　hěn wǎn le, bié chūqu le.
4. 现在（　　）很晚了，别出去了。

Wǒ　　le tāmen yìxiē Hànyǔ shū.
5. 我（　　）了他们一些汉语书。

（二）替换练习（Pattern drills）

Tāmen zhèngzài shàngkè ne.
他们正在上课呢。

kàn shū 看书	tī zúqiú 踢足球	dǎ lánqiú 打篮球
pǎobù 跑步	xuéxí 学习	xiě Hànzì 写汉字

（三）句子匹配（Match the sentences）

Wǒ zài kàn shū.
A. 我 在 看 书。

Dàwèi yě zài xuéxiào dǎ lánqiú.
B. 大 卫 也 在 学 校 打 篮 球。

Sì zhāng.
C. 四 张 。

Yǐjīng liù diǎn le.
D. 已 经 六 点 了。

Hái méi chī wán ne.
E. 还 没 吃 完 呢。

Wǒ zài xuéxiào dǎ lánqiú.
1. 我 在 学 校 打 篮 球。 （ ）

Xīguā chī wán le ma?
2. 西 瓜 吃 完 了 吗？ （ ）

Jǐ diǎn le?
3. 几 点 了？ （ ）

Nǐ zài zuò shénme ne?
4. 你 在 做 什 么 呢？ （ ）

Nǐ mǎi le jǐ zhāng diànyǐng piào?
5. 你 买 了 几 张 电 影 票？ （ ）

（四）看句子选图（Choose the right picture according to the sentence）

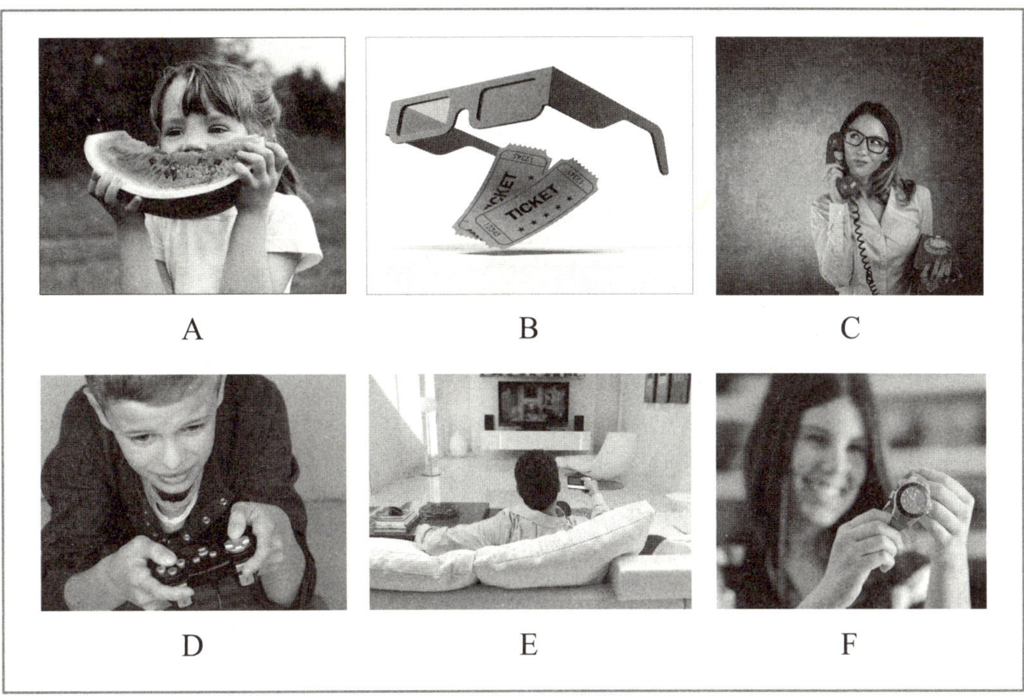

A　B　C　D　E　F

Tā zài dǎ diànhuà.
1. 她在打电话。（　　）

Wǒ xiǎng mǎi yí kuài shǒubiǎo.
2. 我想买一块手表。（　　）

Tā zhèngzài kàn diànshì.
3. 他正在看电视。（　　）

Qǐng gěi wǒ liǎng zhāng diànyǐng piào.
4. 请给我两张电影票。（　　）

Zhège xīguā zhēn hǎochī!
5. 这个西瓜真好吃！（　　）

Wǒ zài dǎ yóuxì ne.
6. 我在打游戏呢。（　　）

（五）判断对错（True or false）

Xiànzài shí diǎn, tā yǐjīng tī le èrshí fēnzhōng zúqiú le.
1. 现在十点，他已经踢了二十分钟足球了。

Tā jiǔ diǎn wǔshí fēn kāishǐ tī zúqiú.
★ 他九点五十分开始踢足球。（　　）

Wǒ hé māma zhèngzài zuòfàn ne.
2. 我 和 妈妈 正 在 做 饭 呢。

Wǒ hé māma yǐjīng zuò wán fàn le.
★我 和 妈妈 已经 做 完 饭 了。（　　）

Wèi, nǐ zài zuò shénme ne?
3. A：喂，你 在 做 什 么 呢?

Wǒ zài kàn shū ne.
B：我 在 看 书 呢。

Tāmen zài dǎ diànhuà.
★他们 在 打 电 话。（　　）

Wǒ xiàwǔ yào mǎi liǎng zhāng diànyǐng piào.
4. 我 下午 要 买 两 张 电 影 票。

Wǒ yǐjīng mǎi le liǎng zhāng diànyǐng piào.
★我 已经 买 了 两 张 电 影 票。（　　）

Tā tī zúqiú de shíhou, wǒ zài dǎ lánqiú.
5. 他 踢 足球 的 时 候，我 在 打 篮 球。

Tāmen dōu zài tī zúqiú.
★他们 都 在 踢 足球。（　　）

Xǐshǒujiān zài nǎr
第十一课　洗手间在哪儿

学习目标 Learning Objectives

1. 学会用方位名词

Learn noun of orientation

2. 学会用方位名词描述处所的位置

Learn how to describe the position of a place in terms of orientation

课文 1 Text 1

Nǐ kànjiàn wǒ de māo le ma?
A：你看见我的猫了吗？

Kànjiàn le，zài zhuōzi xiàmian.
B：看见了，在桌子下面。

Nà bú shì，nà shì wǒ xīn mǎi de gǒu.
A：那不是，那是我新买的狗。

Nà shì bú shì zài zhuōzi shàngmian，huòzhě yǐzi shang?
B：那是不是在桌子上面，或者椅子上？

Dōu bú zài.
A：都不在。

Nǐ zài zhǎo yíxià pángbiān，tā shì bú shì zài diànnǎo hòumian?
B：你再找一下旁边，它是不是在电脑后面？

Wǒ yǐjīng zhǎo le，dōu méiyǒu.
A：我已经找了，都没有。

词汇 1 Vocabulary 1

1	看见	kànjiàn	*v.*	to see 看：to see　见：to see
2	猫	māo	*n.*	cat
3	桌子	zhuōzi	*n.*	desk, table 桌：desk, table　子：noun suffixes
4	下面	xiàmian	*n.*	under, below 下：down, below　面：side
5	狗	gǒu	*n.*	dog
6	上面	shàngmian	*n.*	on the top of, above 上：on top, above　面：side
7	或者	huòzhě	*conj.*	or (HSK3 Word)
8	椅子	yǐzi	*n.*	chair 椅：chair　子：noun suffixes
9	找	zhǎo	*v.*	to look for
10	一下	yíxià	*m.*	(used after a verb) give it a go, to do sth
11	旁边	pángbiān	*n.*	beside 旁：beside　边：side
12	它	tā	*pron.*	it
13	电脑	diànnǎo	*n.*	computer 电：electricity　脑：brain
14	后面	hòumian	*n.*	behind 后：behind, back　面：side
15	已经	yǐjīng	*adv.*	already

课文 2 Text 2

Qǐngwèn xǐshǒujiān zài nǎr?
A: 请 问 洗手间 在 哪儿?

Nǚ xǐshǒujiān zài èr lóu zuǒbian， nán xǐshǒujiān zài yòubian.
B: 女洗手间在二楼左边，男洗手间在右边。

Zěnme qù èr lóu?
A: 怎么去二楼?

Yìzhí zǒu， ránhòu xiàng zuǒ zhuǎn， nàr hòumian yǒu ge diàntī.
B：一直走，然后向左转，那儿后面有个电梯。

Xièxie!
A：谢谢！

Bú kèqi！
B：不客气！

词汇 2　Vocabulary 2

1	洗手间	xǐshǒujiān	*n.*	toilet (HSK3 Word) 洗：to wash　手：hand　间：room
2	女	nǚ	*adj.*	female
3	楼	lóu	*n.*	floor, building
4	左边	zuǒbian	*n.*	left 左：left　边：side
5	男	nán	*adj.*	male
6	右边	yòubian	*n.*	right 右：right　边：side
7	一直	yìzhí	*adv.*	to go straight (HSK3 Word)
8	向	xiàng	*prep.*	to, towards (HSK3 Word)
9	转	zhuǎn	*v.*	turn (HSK4 Word)
10	那儿	nàr	*pron.*	there
11	电梯	diàntī	*n.*	elevator(HSK3 Word) 电：electricity　梯：stairs

课文 3 Text 3

(Zài huǒchēzhàn)
（在 火车站）

Qǐngwèn cóng zhèr zěnme qù jīchǎng?
A：请问 从 这儿怎么去机场？

Cóng zhèr yìzhí wǎng qián zǒu, dàyuē zǒu shí fēnzhōng, jiù néng kànjiàn le.
B：从 这儿一直往前走，大约走十分钟，就能看见了。

Hǎode, xièxie!
A：好的，谢谢！

Bú kèqi!
B：不客气！

词汇 3 Vocabulary 3

1	火车站	huǒchēzhàn	*n.*	railway station 火：fire 车：car 站：station
2	从	cóng	*prep.*	from
3	这儿	zhèr	*pron.*	here
4	机场	jīchǎng	*n.*	airport
5	往	wǎng	*v.*	to go
6	前	qián	*n.*	front, before
7	大约	dàyuē	*adv.*	about (HSK4 Word)

注释 Notes

一、时间副词“已经”（The Adverb of Time“已经”）

“已经”表示动作完成或者达到某种程度。例如：

“已经” indicates that an action has been completed or reached a certain degree. For example,

我已经找了。

我已经看见了。

二、介词“从”(The Preposition “从”)

介词“从”引出一段时间、一段路程或者一个序列的起点，后面常跟“到”一起搭配使用。例如：

The preposition “ 从 ” introduces the starting point of a period of time, a distance or a sequence, often used together with “到” . For example,

从这儿到机场怎么去?

从三月到五月一直下雪。

从星期一开始上班。

语 法 Grammar

一、动词“在”(The Verb “在”)

“在”是动词，后边加上表示位置的词语作句子的谓语，用于指示人或者事物的位置。例如：

“在” is a verb. When it is followed by a word of locality and acts as the predicate of a sentence, it indicates the location of somebody or something. For example,

主语（Subject）	谓语（Predicate）	
	在	地点（Locality）
电脑	在	椅子下面。
汉语书	在	桌子上。
我	在	他前面。

二、"是不是"问句（Questions "是不是"）

如果提问的人对某个事实或者情况有比较肯定的估计，为了进一步得到证实，就可以用这种疑问句提问。"是不是"一般用在谓语前面。例如：

If one raises a yes-no question and is somehow certain about a fact or situation, they can use this kind of question to confirm their guess. "是不是" (literally "yes or no") is usually used before the predicate. For example,

你看看是不是在桌子上？

你明天是不是休息？

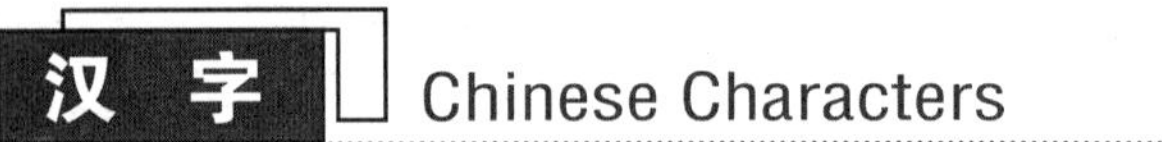

一、汉字知识（Knowledge of Chinese Characters）

The Structure of Chinese Characters (3): Inside-outside

The structure of the inside-outside structured character is as follows:

a. Two surrounding sides:

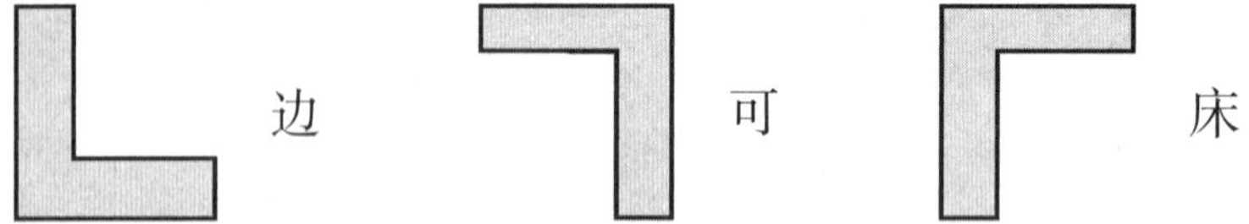

b. Three surrounding sides:

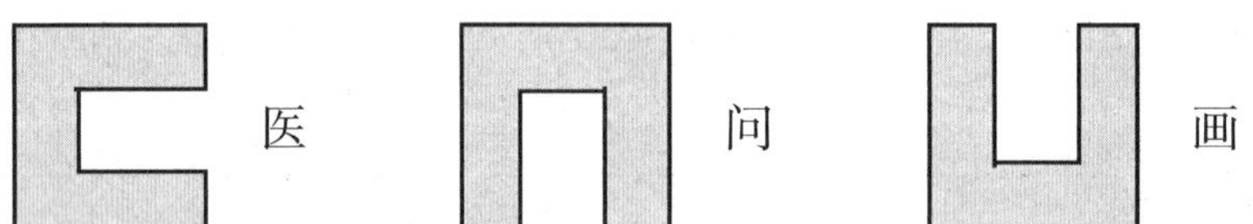

c. Four surrounding sides:

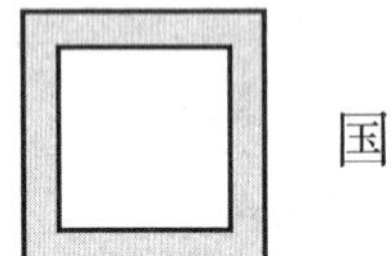

二、学写基本汉字（Learn to Write Basic Chinese Characters）

① huǒ 火 fire	丶 丷 少 火 火 火 火 火 火 火 * “火” is written as “灬” on the bottom of a character
② tā 它 it	丶 宀 宀 它 它 它 它 它 它 它 它
③ gōng 工 labor	一 丅 工 工 工 工 工 工 工 * “工” is written as “エ” on the left side of a character
④ wén 文 language	丶 亠 ナ 文 文 文 文 文 文 文
⑤ lì 力 power	𠃌 力 力 力 力 力 力 力

三、认写汉字（Learn and Write Chinese Characters）

① zhè **这** this

丶 亠 方 文 文 这 这

（　　）儿
（　　）个

② biān **边** side

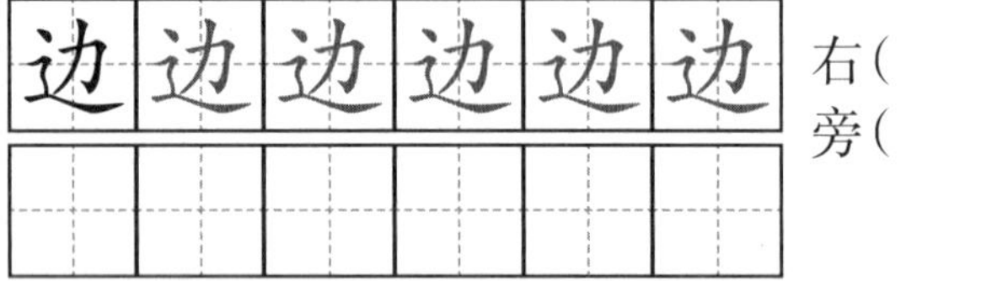

右（　　）
旁（　　）

③ hòu **后** behind

（　　）面
前（　　）

④ xiàng **向** towards

从这儿（　　）前走。

⑤ cóng **从** from

丿 人 从 从

从 从 从 从 从 从

（　　）这儿向前走。

走近中国 A Touch of China

指南针

指南针是中国古代四大发明之一。它的发明在人类科学技术和文明发展中起着不可估量的作用。

在战国初期，人们在开采矿石并熔化铜和铁时，偶然发现了一块天然磁铁矿，该磁铁矿吸引了铁并向北固定指向。因此，古人就用天然铁矿石做成一把勺子，然后将其放在刻有方向的光滑青铜板上，以勺柄确定方向，并称之为“司南”。在当时，指南针在祭祀、军事、占卜和风水测量等活动中用来确定方向。最早在航海中使用指南针的记录是在宋代。

如果没有指南针的发明，许多历史性的远洋航行，例如郑和七次西洋航行，克里斯托弗·哥伦布发现美国，瓦斯科·达·加马到印度的航行以及费迪南德·麦哲伦的环球航行都是无法想象的。

The Compass Invented in Ancient China

The compass is one of the four great inventions of ancient China. Its invention has played an immeasurable role in the development of human science and technology and civilization.

Early in the Warring States period, while mining ores and melting copper and iron, Chinese people chanced upon a natural magnetite that attracted iron and pointed fixedly north. So the ancient Chinese cut a spoon out of natural lodestones and placed it on a smooth bronze plate with directions engraved on it. The directions could be identified by using the characteristics of the lodestone guide. This is the compass of ancient China, which is called “Sinan” at that time. In ancient China, the compass was originally used in sacrificial rites, military affairs, fortune-telling and geomantic omen to determine directions. The earliest record of the use of the compass in navigation was in Song dynasty.

Without the invention of the compass, many historic ocean voyages such as Zheng He’s seven voyages to Western Seas, Christopher Columbus’ discovery of America, the voyage to India by Vasco da Gama, and Ferdinand Magellan's round-the-world voyage would have been inconceivable.

学而时习之 Practice Makes Progress

(一) 选词填空 (Fill in the blanks with the correct option)

yǐjīng	cóng	zài	kànjiàn	zhǎo
A. 已经	B. 从	C. 在	D. 看见	E. 找

Nǐ zài shénme?
1. 你在(　　)什么?

wǒ jiā dào jīchǎng shí fēnzhōng.
2. (　　)我家到机场十分钟。

Wǒmen xuéxiào xuéxí Hànyǔ.
3. 我们(　　)学校学习汉语。

Tā mǎi diànnǎo le.
4. 他(　　)买电脑了。

Zuótiān wǎnshang wǒ nǐ le.
5. 昨天晚上我(　　)你了。

(二) 替换练习 (Pattern drills)

Diànnǎo zài zhuōzi xiàmian.
1. 电脑在桌子<u>下面</u>。

pángbiān 旁边	qiánmian 前面
hòumian 后面	shàngmian 上面
zuǒbian 左边	yòubian 右边

Qǐngwèn cóng zhèr zěnme qù jīchǎng?
2. 请问从<u>这儿</u>怎么去<u>机场</u>?

nàr 那儿	huǒchēzhàn 火车站
xuéxiào 学校	

(三)句子匹配(Match the sentences)

Qǐngwèn zěnme qù huǒchēzhàn?
A. 请 问 怎么 去 火车 站?

Tā zài zhuōzi shàngmian.
B. 它 在 桌子 上 面。

Bái Xuě zài nǎr?
C. 白 雪 在 哪儿?

Shuǐguǒ chī wán le.
D. 水 果 吃 完 了。

Wǒ kànjiàn le.
E. 我 看 见 了。

Nǐ kànjiàn wǒ de shǒubiǎo le ma?
1. 你 看 见 我 的 手 表 了 吗? ( )

Diànnǎo zài nǎr?
2. 电 脑 在 哪儿? ( )

Tā zài Dàwèi pángbiān.
3. 她 在 大卫 旁 边。 ( )

Wǒ yào chūqu mǎi shuǐguǒ.
4. 我 要 出去 买 水 果。 ( )

Cóng zhèr xiàng qián zǒu, zǒu shí fēnzhōng jiù dào le.
5. 从 这儿 向 前 走,走 十 分 钟 就 到 了。 ( )

(四)看句子选图(Choose the right picture according to the sentence)

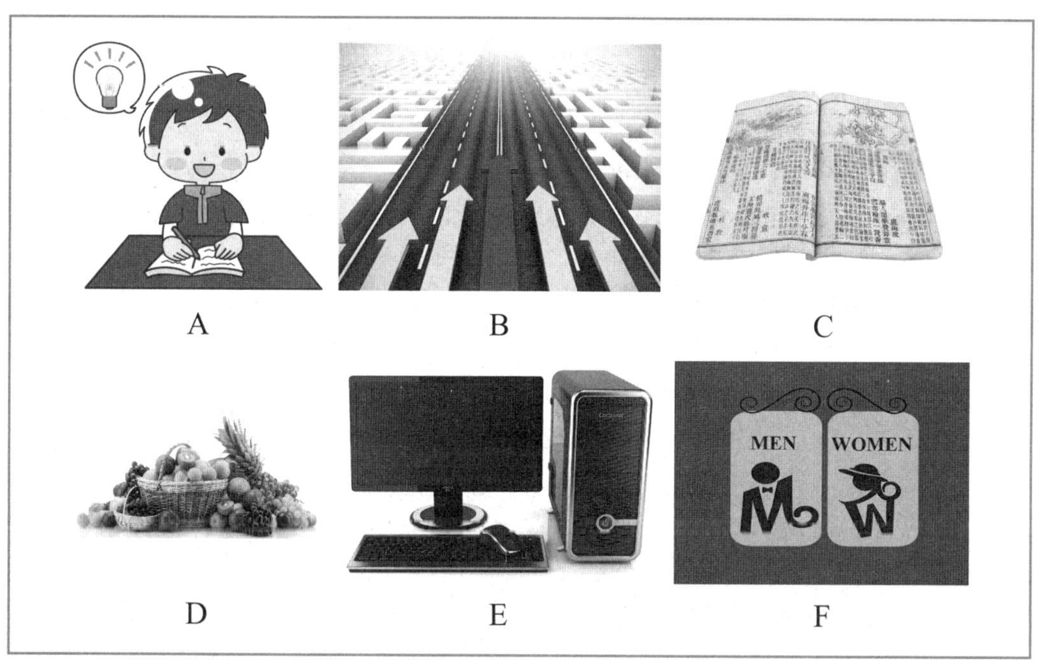

Xǐshǒujiān zài èr lóu.
1. 洗 手 间 在 二 楼。 (　　)

Zhège diànnǎo hěn guì.
2. 这个 电 脑 很 贵。 (　　)

Cóng zhèr xiàng qián zǒu, jiù dào le.
3. 从 这儿 向 前 走，就 到 了。 (　　)

Zhuōzi shang yǒu hěn duō shuǐguǒ.
4. 桌 子 上 有 很 多 水 果。 (　　)

Wǒ néng kàn dǒng zhèxiē wèntí.
5. 我 能 看 懂 这 些 问题。 (　　)

Nǐ kànjiàn wǒ de Hànyǔ shū le ma?
6. 你 看 见 我 的 汉 语 书 了 吗? (　　)

（五）判断对错（True or false）

Zhuōzi shang yǒu yí gè diànnǎo, yǐzi shang yǒu yì běn shū.
1. 桌 子 上 有 一 个 电 脑，椅子 上 有 一 本 书。

Yǒu yí gè shǒujī zài zhuōzi shang, yǒu yì běn shū zài yǐzi shang.
★ 有 一 个 手 机 在 桌 子 上 ， 有 一 本 书 在 椅子 上 。 (　　)

Tā néng shuō Hànyǔ, yě néng xiě Hànzì.
2. 他 能 说 汉 语，也 能 写 汉 字。

Tā huì xiě Hànzì.
★ 他 会 写 汉 字。 (　　)

Wǒ zài huǒchēzhàn, qǐngwèn zěnme qù jīchǎng?
3. 我 在 火 车 站 ， 请 问 怎 么 去 机 场?

Wǒ zhīdào zěnme qù jīchǎng.
★ 我 知道 怎 么 去 机 场。 (　　)

Cóng zhèr xiàng qián zǒu, zǒu shí fēnzhōng, jiù néng kànjiàn shāngdiàn le.
4. 从 这儿 向 前 走，走 十 分 钟 ，就 能 看 见 商 店 了。

Tā kànjiàn shāngdiàn le.
★ 他 看 见 商 店 了。 (　　)

Jīchǎng de zuǒbian shì huǒchēzhàn, yòubian shì shāngdiàn.
5. 机 场 的 左 边 是 火 车 站 ， 右 边 是 商 店 。

Jīchǎng de pángbiān shì huǒchēzhàn hé shāngdiàn.
★ 机 场 的 旁 边 是 火 车 站 和 商 店 。 (　　)

Nǐ shì zěnme qù Běijīng de
第十二课　你是怎么去北京的

学习目标　Learning Objectives

1. 学会不同交通方式的表达

Learn the expressions of different transportation

2. 学会句式“是……的”

Learn the Structure “是……的”

课文 1　Text 1

(Zài lù shang)
（在路上）

Nǐ qùguo Běijīng ma?
A：你去过北京吗？

Wǒ qùguo liǎng cì.
B：我去过两次。

Shàng cì nǐ shì zěnme qù Běijīng de?
A：上次你是怎么去北京的？

Wǒ shì zuò fēijī qù de.
B：我是坐飞机去的。

Nǐ shì qù Běijīng gōngzuò ma?
A：你是去北京工作吗？

Bú shì, wǒ qù lǚyóu.
B：不是，我去旅游。

Nǐ zhù zài nǎr?
A：你住在哪儿？

Wǒ zhù zài bīnguǎn li.
B：我住在宾馆里。

词汇 1 Vocabulary 1

1	路	lù	*n.*	road, path, way
2	过	guo	*part.*	an aspect particle
3	北京	Běijīng	*n.*	the capital of China
4	次	cì	*m.*	time/times
5	坐	zuò	*v.*	to take (a vehicle)
6	飞机	fēijī	*n.*	plane 飞：to fly　机：machine
7	旅游	lǚyóu	*v.*	to travel
8	住	zhù	*v.*	to live
9	宾馆	bīnguǎn	*n.*	guesthouse, hotel

课文 2 Text 2

(Mǎlì yào sòng Bái Xuě qù huǒchēzhàn)
（玛丽要送白雪去火车站）

Mǎlì: Nǐ xiànzài hái zhù zài xuéxiào ma?
玛丽：你现在还住在学校吗？

Bái Xuě: Shìde, wǒ hái zhù zài xuéxiào.
白雪：是的，我还住在学校。

Mǎlì: Wǒmen xiàwǔ zěnme qù huǒchēzhàn?
玛丽：我们下午怎么去火车站？

Bái Xuě: Xuéxiào lí huǒchēzhàn bú tài yuǎn, wǒmen kěyǐ zuò gōnggòngqìchē qù.
白雪：学校离火车站不太远，我们可以坐公共汽车去。

Mǎlì: Zuò gōnggòngqìchē de rén tài duō le, wǒmen zuò chūzūchē qù ba, chūzūchē bǐ gōnggòngqìchē kuài.
玛丽：坐公共汽车的人太多了，我们坐出租车去吧，出租车比公共汽车快。

Bái Xuě: Hǎode. Wǒ zài xuéxiào děng nǐ.
白雪：好的。我在学校等你。

词汇 2　Vocabulary 2

1	送	sòng	*v.*	to see off
2	离	lí	*prep.*	away from
3	远	yuǎn	*adj.*	far
4	公共汽车	gōnggòngqìchē	*n.*	bus 公：public　共：to share　汽：steam　车：car
5	出租车	chūzūchē	*n.*	taxi 出：out　租：to rent　车：car
6	比	bǐ	*prep.*	compared to
7	快	kuài	*adj.*	fast
8	等	děng	*v.*	to wait

课文 3　Text 3

(Zài jiàoshì)
（在 教室）

Gāo lǎoshī: Mǎlì, nǐ měi tiān zěnme lái shàngkè ne?
高 老师：玛丽，你 每 天 怎么 来 上 课 呢？

Mǎlì: Wǒ zǒulù lái, yīnwéi wǒ jiā lí xuéxiào hěn jìn.
玛丽：我 走路 来，因 为 我 家 离 学 校 很 近。

Gāo lǎoshī: Zǒu zhe lái hěn màn, wèishénme bù qí zìxíngchē ne?
高 老师：走 着 来 很 慢，为 什 么 不 骑 自 行 车 呢？

Mǎlì: Yīnwéi wǒ péngyou yě zǒu zhe lái, wǒ měi tiān kěyǐ hé tā yìbiān zǒu yìbiān liáotiān, hěn yǒu yìsi.
玛丽：因 为 我 朋 友 也 走 着 来，我 每 天 可以 和 他 一 边 走 一 边 聊 天，很 有 意思。

词汇 3 Vocabulary 3

1	走路	zǒulù	*v.*	by walk 走：to walk 路：road
2	近	jìn	*adj.*	near
3	慢	màn	*adj.*	slow
4	骑	qí	*v.*	to ride (HSK3 Word)
5	自行车	zìxíngchē	*n.*	bike, bicycle (HSK3 Word) 自：self 行：to move 车：car
6	一边	yìbiān	*adv.*	one side (HSK3 Word)
7	聊天	liáotiān	*v.*	to chat (HSK3 Word)
8	有意思 *	yǒu yìsi		interesting

注释 Notes

一、疑问代词"怎么"（The Interrogative Pronoun "怎么"）

用"怎么 + 动词"来询问动作的方式。例如：

The structure "怎么 + verb" is used to ask about the way or manner of an action. For example,

主语（Subject）	谓语（Predicate）	
	怎么	动词（Verb）
你每天	怎么	来学校？
你	怎么	去火车站？
他们	怎么	去北京？

二、介词"离"（The Prep "离"）

"离"后面常加处所词表示到一个地方或者目的地的距离。例如：

"离" often adds a place to indicate the distance from a place or destination. For example,

A	离	B	（不、很）近 / 远
我家	离	学校	很近。
学校	离	机场	不远。

语　法　Grammar

一、“是……的”句（The Structure “是……的”）

“是……的”可以用来表示对已经发生的事情的时间、地点、方式等的强调或追问。“是”可以被省略。例如：

“是……的”is used to emphasize or question the detail of time, place or method of what has happened. “是” can be omitted. For example,

主语（Subject）	是	时间 / 地点 / 方式（Time/Place/Method）	动词（Verb）	的
他	是	星期六	来	的。
这	是	在火车站	买	的。
我	是	坐公共汽车	去	的。

否定形式在“是”的前边加“不”。例如：

In the negative form, “不” is added before “是”. For example,

主语（Subject）	不是	时间 / 地点 / 方式（Time/Place/Method）	动词（Verb）	的
他	不是	星期六	来	的。
这	不是	在火车站	买	的。
我	不是	坐公共汽车	去	的。

在这种句式中，针对时间、地点、方式的疑问句如下：

In this structure, questions about time, location or method are as follows:

主语（Subject）	是	时间 / 地点 / 方式（Time/Place/Method）	动词（Verb）	的
他	是	什么时候	来	的？
这	是	在哪儿	买	的？
你	是	怎么	去	的？

二、动态助词“过”（The Aspect Particle “过”）

动词后加上动态助词“过”，一般用来表示过去有过的经历，这些动作行为没有持续到现在。例如：

A verb followed by the aspect particle “过” usually indicates a past experience or action which finished or is completed in the past. For example,

主语（Subject）	谓语（Predicate）		
	动词（Verb）	过	宾语（Object）
他们	来	过	我家。
我	看	过	那个电影。
我们	去	过	中国。

在动词前边加“没（有）”表示否定。例如：

In the negative form, “没（有）” is added before the verb. For example,

主语（Subject）	谓语（Predicate）		
	没（有）+动词（Verb）	过	宾语（Object）
他们	没（有）来	过	我家。
我	没（有）看	过	那个电影。
我们	没（有）去	过	中国。

在句末加“吗”表示疑问。例如：

In the Interrogative form, “吗” is added at the end of the sentence. For example,

主语（Subject）	谓语（Predicate）		
	动词（Verb）	过	宾语（Object）+吗?
他们	来	过	你家吗?
你	看	过	那个电影吗?
你们	去	过	中国吗?

三、"比"字句（Comparative Sentences）

用"比"表示比较的句子叫"比"字句。例如：

"比" sentence is a sentence using "比" to make a comparison. For example,

A	比	B	形容词（Adjective）
哥哥	比	姐姐	高。
今天	比	昨天	热。
西瓜	比	苹果	贵。

"比"字句的否定形式可以用"A 没有 B……"表示。例如：

"A 没有 B……" is the negative form of the "比" sentence. For example,

A	没有	B	形容词（Adjective）
哥哥	没有	姐姐	高。
今天	没有	昨天	热。
西瓜	没有	苹果	贵。

汉 字 Chinese Characters

一、汉字知识（Knowledge of Chinese Characters）

The Structure of Chinese Characters (4): Special

The structure of the special-structured character is as follows:

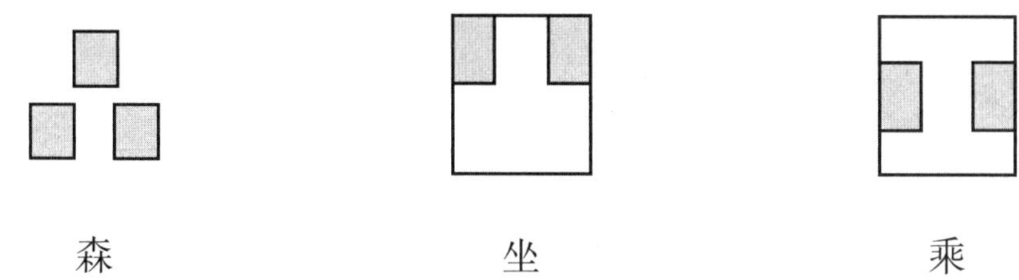

森　　坐　　乘

二、学写基本汉字（Learn to Write Basic Chinese Characters）

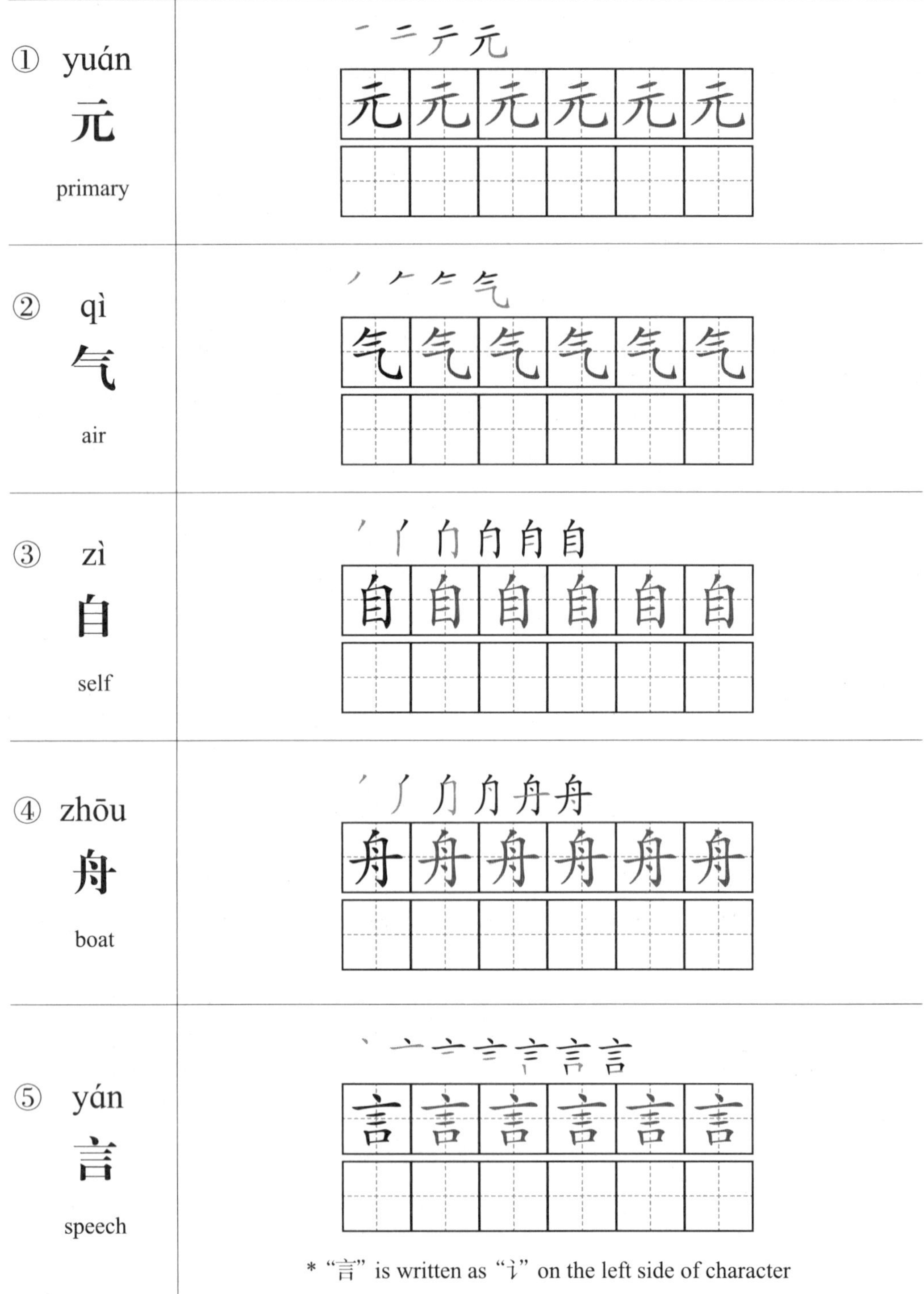

* "言" is written as "讠" on the left side of character

三、认写汉字（Learn and Write Chinese Characters）

① zuò 坐 to sit	丿 人 人丿 从 从 丛 坐 坐 坐 坐 坐 坐 坐 坐	我是（　　）飞机去的。
② cì 次 times	丶 冫 冫 冫 次 次 次 次 次 次 次 次	我去过两（　　）。
③ fēi 飞 to fly	乁 飞 飞 飞 飞 飞 飞 飞 飞	（　　）机
④ gōng 公 public	丿 八 公 公 公 公 公 公 公 公	（　　）共汽车 （　　）司
⑤ chē 车 vehicle	一 𠂉 左 车 车 车 车 车 车 车	自行（　　） 公共汽（　　） 出租（　　）

走近中国 A Touch of China

北京

北京，是中国的首都，位于中国北部，既是一个现代化的国际城市，也是一个三千多年的历史古都。在北京及其周围地区，有中国最多的帝王宫殿、园林、庙坛和陵墓遗迹。

故宫

历史上，故宫又叫紫禁城，是位于北京市中心的一座庞大的古代皇家建筑群，明清两代住过 24 个皇帝，被认为是中国传统建筑的最好典范。故宫占地约 72 万平方米，长 961 米，宽 753 米。9999 间客房被 5.2 米宽、6 米深的护城河和 10 米高的围墙所环绕。故宫有四座城门，城墙四角各有一个角楼，可以俯瞰四周。故宫于 1987 年被联合国教科文组织列为世界文化遗产，现在是世界上最受欢迎的旅游景点之一。

天安门广场

天安门广场是新中国的象征，是世界上最大的广场之一。天安门门塔坐落在广场的北端，红色的五星国旗迎风飘扬，人民英雄纪念碑矗立于广场的中央。广场以西是人民大会堂，广场以东是中国国家博物馆。毛泽东主席纪念堂位于广场的南端。每天成千上万的游客彰显了天安门广场的重要性。

长城

长城，是中国也是世界上修建时间最长、工程量最大的古代防御工程。自秦始皇开始，各个朝代几乎都会不同规模地修筑长城，由此才形成了现在的万里长城。

今天，长城作为防御工程的实际功能已经不复存在，但它的美丽一直保持到现在。长城像一条沉睡的巨龙一样蜿蜒穿过中国的土地，随着起伏的山脊起伏而下，被誉为世界七大奇迹之一。它壮丽、坚固、宏伟，凝集了中国人追求和平、敢于进取的民族开拓精神。因此，长城不仅美丽，而且是中华民族精神的象征。1987 年，它被联合国教科文组织列为世界文化遗产。

Beijing

Beijing, the capital of China, is located in northern China. It is not only a modern international city, but also an ancient capital with a history of more than three thousand years. In Beijing and its surrounding areas, there are the most relics of imperial palaces, gardens, temple altars and tombs in China.

Forbidden City

Historically, the Imperial Palace, also known as the Forbidden City, is a huge ancient imperial complex located in the center of Beijing. 24 emperors lived there in the Ming and Qing dynasties. It is considered the best model of traditional Chinese architecture. The Forbidden City covers an area of about 720000 square meters, with a length of 961 meters and a width of 753 meters. The 9999 rooms are surrounded by a 5.2-meter-wide, 6-meter-deep moat and a 10-meter high wall. The Forbidden City has four gates, and each corner of the wall has a turret, which overlooks the surroundings. The Forbidden City was listed as a UNESCO World Heritage Site in 1987 and now is one of the most popular tourist attractions in the world.

Tian' anmen Square

The Tian'anmen Square, the symbol of New China, is one of the largest squares in the world. The Tian'anmenGate Tower stands imposingly at the northern end of the square. The red five-star flag flies high above in the sky and the Monument to the People's Heroes is at the centre of the square. The West of the square is the Great Hall of the People while east of the square is the National Museum of China. Chairman Mao Zedong Memorial Hall sits at the southern end of the square. The significance of the Tian'anmen Square is shown by the Tens of thousands of visitors each day.

Great Wall

The Great Wall is an ancient defense project with the longest construction time and the largest amount of engineering both in China and the world. Since the beginning of Qin Shihuang, almost all dynasties built the Great Wall on different scales, and thus formed the current Great Wall.

Today, the actual function of the Great Wall as a defense project no longer exists, but its beauty has been maintained until now. The Great Wall winds through the land of China like a sleeping dragon, undulating along the ridges, and is known as one of the seven wonders of the world. It is magnificent, strong, and magnificent, and it encapsulates the national pioneering spirit of the Chinese who pursue peace and dare to forge ahead. Therefore, the Great Wall is not only a scenic spot, but also a symbol of the spirit of the Chinese nation. In 1987, it was listed as a World Cultural Heritage.

学而时习之 Practice Makes Progress

(一)选词填空(Fill in the blanks with the correct option)

sòng / cì / guo / lí / bǐ

A. 送 B. 次 C. 过 D. 离 E. 比

Huǒchēzhàn ( ) xuéxiào hěn jìn.
1. 火车站( )学校很近。

Wǒ chī ( ) Zhōngguó cài.
2. 我吃( )中国菜。

Nǐ kànguo jǐ ( ) Zhōngguó diànyǐng?
3. 你看过几( )中国电影?

Wǒ qù jīchǎng ( ) péngyou.
4. 我去机场( )朋友。

Zhè jiàn yīfu ( ) nà jiàn yīfu piányi.
5. 这件衣服( )那件衣服便宜。

(二)替换练习(Pattern drills)

Nǐ shì zěnme qù de?
1. A: 你是怎么去的?

Wǒ shì zuò fēijī qù de.
B: 我是坐飞机去的。

zuò huǒchē 坐火车	zuò chuán 坐船
zuò chūzūchē 坐出租车	zǒu lù 走路

Xīguā bǐ píngguǒ dà.
2. 西瓜 比 苹果 大。

píngguǒ 苹果	xīguā 西瓜	guì 贵
wǒ 我	tā 他	gāo 高
jīntiān 今天	zuótiān 昨天	rè 热

Zhèr lí nàr hěn yuǎn.
3. 这儿 离 那儿 很 远 。

wǒ jiā 我家	xuéxiào 学校	hěn jìn 很近
xuéxiào 学校	jīchǎng 机场	hěn yuǎn 很远
shāngdiàn 商店	wǒ jiā 我家	bù yuǎn 不远

（三）句子匹配（Match the sentences）

Jīntiān shì nǐ de shēngrì ma?
A. 今天 是 你 的 生 日 吗？

Jīchǎng lí zhèr jìn ma?
B. 机场 离 这儿 近 吗？

Zhè jiàn yīfu zěnmeyàng?
C. 这 件 衣服 怎么 样？

Nǐ qùguo jǐ cì Běijīng?
D. 你 去过 几 次 北 京？

Wǒ juéde zhège shǒujī bǐ nàge shǒujī piàoliang.
E. 我 觉得 这个 手机 比 那个 手机 漂 亮 。

Hěn jìn, wǔ fēnzhōng jiù dào le.
1. 很 近，五 分 钟 就 到了。（　　）

Bǐ nà jiàn piàoliang.
2. 比 那 件 漂 亮 。（　　）

Bú shì, háiyǒu yí gè xīngqī.
3. 不是，还有 一个 星期。（　　）

Sān cì.
4. 三 次。（　　）

Nǐ juéde zhège shǒujī zěnmeyàng?
5. 你 觉得 这个 手机 怎么 样 ? ( )

（四）看句子选图（Choose the right picture according to the sentence）

Wǒ shì zuò fēijī qù de.
1. 我 是 坐 飞机 去 的。 ( )

Hěn duō rén xǐhuan zuò huǒchē qù lǚyóu.
2. 很 多 人 喜欢 坐 火 车 去 旅游。 ( )

Jīntiān bǐ zuótiān lěng.
3. 今天 比 昨 天 冷 。 ( )

Zhè kuài shǒubiǎo shì wǒ de.
4. 这 块 手 表 是 我 的。 ( )

Wǒ zhù zài Běijīng.
5. 我 住 在 北 京 。 ( )

（五）判断对错（True or false）

Zhège diànyǐng wǒ kànguo liǎng cì le .
1. 这个 电 影 我 看 过 两 次 了。

Wǒ méi kànguo zhège diànyǐng .
★我 没 看 过 这个 电 影 。 ( )

Wǒ wǔ fēnzhōng jiù dào huǒchēzhàn le, nǐ zài děngdeng.
2. 我五分钟就到火车站了，你再等等。

Zhège rén zài qù huǒchēzhàn de lùshang.
★这个人在去火车站的路上。 (　　)

Zhège shāngdiàn de niúnǎi piányi, nàge shāngdiàn de guì.
3. 这个商店的牛奶便宜，那个商店的贵。

Nàge shāngdiàn de niúnǎi bǐ zhège shāngdiàn de guì.
★那个商店的牛奶比这个商店的贵。 (　　)

Xiànzài hěn duō rén xǐhuan zuò gōnggòngqìchē qù shàngbān,
4. 现在很多人喜欢坐公共汽车去上班，

suǒyǐ shàngbān de shíhou, gōnggòngqìchē shang de rén hěn duō.
所以上班的时候，公共汽车上的人很多。

Gōnggòngqìchē shang měi tiān rén bù duō.
★公共汽车上每天人不多。 (　　)

Wǒ jiā zài xuéxiào pángbiān, qí zìxíngchē wǔ fēnzhōng jiù dào le.
5. 我家在学校旁边，骑自行车五分钟就到了。

Wǒ jiā lí xuéxiào hěn yuǎn.
★我家离学校很远。 (　　)

词汇总表

生词	拼音	词类	释义	课文
			A	
爱	ài	*v.*	to love	L.02.3
			B	
八	bā	*num.*	eight	L.02.2
爸爸	bàba	*n.*	dad	L.02.3
吧	ba	*part.*	a modal particle used at the end of a sentence to suggest something	L.03.4
白	bái	*adj.*	white	L.08.2
白雪	Bái Xuě	*n.*	a Chinese name	L.05.1
百	bǎi	*num.*	hundred	L.08.2
帮助	bāngzhù	*v.*	to assistance, to help	L.06.3
报纸	bàozhǐ	*n.*	newspaper	L.04.3
杯子	bēizi	*n.*	cup	L.08.3
北京	Běijīng	*n.*	the capital of China	L.12.3
本	běn	*m.*	a measure word for books	L.08.3
比	bǐ	*prep.*	compared to	L.12.2
便宜	piányi	*adj.*	cheap	L.08.1
别	bié	*adv.*	do not	L.06.2
宾馆	bīnguǎn	*n.*	guesthouse, hotel	L.12.1
不	bù	*adv.*	not	L.01.2

续表

生词	拼音	词类	释义	课文
不错	búcuò	*adj.*	pretty good	L.09.2
不客气	bú kèqi		you are welcome	L.01.1
C				
菜	cài	*n.*	dish	L.09.2
茶	chá	*n.*	tea	L.09.2
唱歌	chànggē	*v.*	to sing 唱：to sing　歌：songs	L.03.4
成绩	chéngjì	*n.*	grades (HSK3 Word)	L.07.2
吃饭	chīfàn	*v.*	to have a meal 吃：to eat　饭：meal	L.04.2
出去	chūqu	*v.*	to go out 出：out　去：to go	L.10.2
出租车	chūzūchē	*n.*	taxi 出：out　租：to rent　车：car	L.12.2
穿	chuān	*v.*	to wear	L.05.2
次	cì	*m.*	time/times	L.12.1
从	cóng	*prep.*	from	L.11.3
错	cuò	*adj*	wrong	L.06.1
D				
打	dǎ	*v.*	to play, to beat, to hit, to type	L.03.3
打电话	dǎ diànhuà		to call 打：to call　电：electricity　话：dialogue	L.10.1
大	dà	*adj.*	big	L.08.1
大家	dàjiā	*pron*	everyone	L.08.3
大卫	Dàwèi	*n.*	David(name)	L.02.3
大约	dàyuē	*adv.*	about (HSK4 Word)	L.11.3
但是	dànshì	*conj.*	but	L.07.1

续表

生词	拼音	词类	释义	课文
到	dào	*prep.*	to	L.06.2
		v.	arrive	
得	de	*part.*	a structural particle	L.07.1
的	de	*part.*	a structural particle	L.02.3
等	děng	*v.*	to wait	L.12.2
弟弟	dìdi	*n.*	younger brother	L.02.1
第一	dì-yī	*num.*	first 第：used in front of the numerals to express the order 一：one	L.06.3
点	diǎn	*n.*	o'clock	L.04.1
电话	diànhuà	*n.*	phone 电：electricity 话：dialogue	L.03.2
电脑	diànnǎo	*n.*	computer 电：electricity 脑：brain	L.11.1
电视	diànshì	*n.*	TV 电：electricity 视：vision	L.10.2
电梯	diàntī	*n.*	elevator (HSK3 Word) 电：electricity 梯：stairs	L.11.2
电影	diànyǐng	*n.*	film 电：electricity 影：shadow	L.10.2
东西	dōngxi	*n.*	thing	L.08.3
懂	dǒng	*v.*	to understand	L.06.1
都	dōu	*adv.*	all, both	L.04.3
读	dú	*v.*	to read	L.06.1
对	duì	*prep.*	to, towards	L.10.1
对不起	duìbuqǐ		I am sorry	L.01.1
多	duō	*adv.*	more	L.05.2
		adj.	many, much	
多大	duō dà		how old	L.02.2

续表

生词	拼音	词类	释义	课文
多少	duōshao	*pron.*	how many, how much 多：much, more　少：less, little	L.03.2

E

生词	拼音	词类	释义	课文
儿子	érzi	*n.*	son	L.02.2
二	èr	*num.*	two	L.02.3

F

生词	拼音	词类	释义	课文
饭店	fàndiàn	*n.*	restaurant 饭：meal　店：inn, shop, store	L.09.2
房间	fángjiān	*n.*	room 房：room　间：space	L.10.1
放松	fàngsōng	*v.*	to relax (HSK4 Word)	L.07.1
飞机	fēijī	*n.*	plane 飞：to fly　机：machine	L.12.1
非常	fēicháng	*adv.*	very	L.07.1
分（钟）	fēn(zhōng)	*n.*	minute	L.04.1
服务员	fúwùyuán	*n.*	waiter, waitress	L.09.2
复习	fùxí	*v.*	to review (HSK3 Word) 复：to repeat　习：to practice	L.07.2

G

生词	拼音	词类	释义	课文
高	Gāo	*n.*	a Chinese surname	L.01.2
高明	Gāo Míng	*n.*	a Chinese name	L.08.2
高兴	gāoxìng	*adj.*	happy, glad	L.08.3
告诉	gàosu	*v.*	to tell	L.05.2
哥哥	gēge	*n.*	elder brother	L.02.1
个	gè	*m.*	a measure word of a person, etc.	L.02.1
给	gěi	*prep.*	to	L.10.1
		v.	to give	

续表

生词	拼音	词类	释义	课文
工作	gōngzuò	*v.*	to work	L.04.3
		n.	job	
公共汽车	gōnggòngqìchē	*n.*	bus 公：public 共：to share 汽：steam 车：car	L.12.2
公司	gōngsī	*n.*	company	L.04.3
狗	gǒu	*n.*	dog	L.11.1
逛	guàng	*v.*	to stroll (HSK4 Word)	L.10.2
贵	guì	*adj.*	expensive	L.08.1
国	guó	*n.*	nation	L.01.2
过	guo	*part.*	aspect article	L.12.1
过敏	guòmǐn	*v.*	be allergic to (HSK5 Word)	L.09.1

H

生词	拼音	词类	释义	课文
还	hái	*adv.*	still, more	L.07.1
孩子	háizi	*n.*	child, children	L.02.2
汉语	Hànyǔ	*n.*	Chinese	L.06.3
汉字 *	Hànzì	*n.*	Chines character	L.07.2
好	hǎo	*adj.*	good, well	L.01.1
好吃	hǎochī	*adj.*	tasty 好：good 吃：to eat	L.09.2
号	hào	*n.*	date of a month, ordinal number	L.03.1
号码	hàomǎ	*n.*	number (HSK4 Word) 号：ordinal number 码：number	L.03.2
喝	hē	*v.*	to drink	L.05.2
和	hé	*conj.*	and	L.02.3
黑	hēi	*adj.*	black	L.08.2
很	hěn	*adv.*	very	L.04.3
红	hóng	*adj.*	red	L.08.2

续表

生词	拼音	词类	释义	课文
红烧鱼 *	hóngshāo yú	*n.*	braised fish 红：red 烧：braised 鱼：fish	L.09.2
后面	hòumian	*n.*	behind 后：behind, back 面：side	L.11.1
华为 *	Huáwéi	*n.*	the brand, HUAWEI	L.08.3
欢迎	huānyíng	*v.*	to welcome (HSK3 Word)	L.09.2
回	huí	*v.*	return, to be back	L.04.3
回答	huídá	*v.*	to answer (HSK3 Word) 回：to return 答：to answer	L.06.3
会	huì	*v.*	can	L.07.1
火车站	huǒchēzhàn	*n.*	railway station 火：fire 车：car 站：station	L.11.3
或者	huòzhě	*conj.*	or (HSK3 Word)	L.11.1

J

生词	拼音	词类	释义	课文
机场	jīchǎng	*n.*	airport	L.11.3
鸡蛋	jīdàn	*n.*	egg 鸡：chicken 蛋：egg	L.09.1
几	jǐ	*pron*	how many	L.02.1
		num.	several	
家	jiā	*n.*	home	L.02.1
件	jiàn	*m.*	a measure word for clothes	L.08.2
叫	jiào	*v.*	to be called	L.01.3
觉得	juéde	*v.*	to feel, to think	L.07.1
教	jiāo	*v.*	to teach (HSK3 Word)	L.07.1
教室	jiàoshì	*n.*	classroom 教：to teach 室：room	L.03.3
姐姐	jiějie	*n.*	elder sister	L.02.3

续表

生词	拼音	词类	释义	课文
介绍	jièshào	*v.*	to introduce	L.08.3
斤	jīn	*m.*	half a kilogram	L.08.1
今年	jīnnián	*n.*	this year 今：this, modern　年：year	L.02.3
今天	jīntiān	*n.*	today 今：this, modern　天：day	L.03.1
进去	jìnqu	*v.*	to go in 进：enter　去　to go	L.10.3
近	jìn	*adj.*	near	L.12.3
经常	jīngcháng	*adv.*	always (HSK3 Word)	L.06.3
九	jiǔ	*num.*	nine	L.02.3
就	jiù	*adv.*	just	L.08.2

K

生词	拼音	词类	释义	课文
咖啡	kāfēi	*n.*	coffee	L.09.2
开	kāi	*v.*	to open	L.09.2
开始	kāishǐ	*v.*	to start	L.04.3
看	kàn	*v.*	to read, to look, to watch	L.03.3
看见	kànjiàn	*v.*	to see 看：to see　见：to see	L.11.1
考试	kǎoshì	*v.*	to test 考：to give or take an exam　试：to test	L.06.2
		n.	examination	
烤羊肉 *	kǎo yángròu	*n.*	roasted mutton 烤：to roast　羊：sheep, goat　肉：meet	L.09.2
可能	kěnéng	*aux.*	perhaps, probably	L.05.1
可以	kěyǐ	*aux.*	may, can	L.06.1
课文 *	kèwén	*n.*	text 课：lesson　文：essay	L.07.2
口	kǒu	*m.*	a measure word for family members（HSK3 Word）	L.02.1

续表

生词	拼音	词类	释义	课文
块	kuài	*m.*	piece, a denomination of the Chinese currency	L.08.1
快	kuài	*adj.*	fast	L.12.2
快乐	kuàilè	*adj.*	happy	L.03.4

L

生词	拼音	词类	释义	课文
来	lái	*v.*	to come	L.09.2
篮球	lánqiú	*n.*	basketball 篮：basket　球：ball	L.03.3
老师	lǎoshī	*n.*	teacher	L.01.1
了	le	*part.*	a particle word	L.05.1
累	lèi	*adj.*	tired	L.08.3
冷	lěng	*adj.*	cold	L.05.1
离	lí	*prep.*	away from	L.12.2
李美丽	Lǐ Měilì	*n.*	a Chinese name	L.08.2
里	li	*n.*	inside	L.10.1
两	liǎng	*num.*	two	L.02.2
聊天	liáotiān	*v.*	to chat (HSK3 Word)	L.12.3
零	líng	*num.*	zero	L.04.2
六	liù	*num.*	six	L.02.2
楼	lóu	*n.*	floor, building	L.11.2
路	lù	*n.*	road, path, way	L.12.1
旅游	lǚyóu	*v.*	to travel	L.12.1

M

生词	拼音	词类	释义	课文
妈妈	māma	*n.*	mom	L.02.2
玛丽	Mǎlì	*n.*	Mary (name)	L.06.1
吗	ma	*part.*	a particle word used at the end of a question	L.01.2
买	mǎi	*v.*	to buy	L.08.1

续表

生词	拼音	词类	释义	课文
卖	mài	*v.*	to sell	L.08.3
慢	màn	*adj.*	slow	L.12.3
忙	máng	*adj.*	busy	L.04.3
猫	māo	*n.*	cat	L.11.1
没	méi	*v.*	no	L.02.1
		adv.	not	
没关系	méi guānxi		that's all right	L.01.1
每	měi	*pron.*	each, every	L.04.3
美国 *	Měiguó	*n.*	America	L.02.3
妹妹	mèimei	*n.*	younger sister	L.02.3
门	mén	*n.*	door	L.09.2
米饭	mǐfàn	*n.*	rice 米：rice　饭：meal	L.09.2
面条	miàntiáo	*n.*	noodles	L.09.2
名字	míngzi	*n.*	name	L.01.2
明天	míngtiān	*n.*	tomorrow 明：immediately following in time　天：day	L.03.3

N

生词	拼音	词类	释义	课文
哪	nǎ	*pron.*	which	L.01.2
哪儿	nǎr	*pron.*	where	L.03.3
哪个	nǎge	*pron.*	which one	L.08.2
那个	nàge	*pron.*	that	L.02.2
那儿	nàr	*pron.*	there	L.11.2
男	nán	*adj.*	male	L.11.2
呢	ne	*part.*	indicate an interrogative statement	L.03.1
能	néng	*aux.*	be able to, can	L.06.3

续表

生词	拼音	词类	释义	课文
你	nǐ	*pron.*	you(singular)	L.01.1
你们	nǐmen	*pron.*	you(plural) 你：you(singular) 们：plural marker for pronouns and a few animate nouns	L.01.1
您	nín	*pron.*	you(singular) (show respect to an elder or superior)	L.01.1
牛奶	niúnǎi	*n.*	milk 牛：cow 奶：milk	L.09.1
女	nǚ	*adj.*	female	L.11.2
女儿	nǚ'ér	*n.*	daughter	L.10.2
P				
旁边	pángbiān	*n.*	beside 旁：beside 边：side	L.11.1
跑步	pǎobù	*v.*	to run 跑：to run 步：step	L.04.2
朋友	péngyou	*n.*	friend	L.04.2
漂亮	piàoliang	*adj.*	good-looking, beautiful	L.08.2
票	piào	*n.*	ticket	L.10.3
苹果	píngguǒ	*n.*	apple	L.08.1
Q				
七	qī	*num.*	seven	L.02.3
妻子	qīzi	*n.*	wife	L.10.1
骑	qí	*v.*	to ride (HSK3 Word)	L.12.3
起床	qǐchuáng	*v.*	to get up 起：to get up 床：bed	L.04.3
千	qiān	*num.*	thousand	L.08.2
铅笔	qiānbǐ	*n.*	pencil 铅：lead (chemistry) 笔：pen	L.08.3

续表

生词	拼音	词类	释义	课文
前	qián	*n.*	front, before	L.11.3
钱	qián	*n.*	money	L.08.1
晴	qíng	*adj.*	sunny	L.05.3
请问	qǐngwèn		excuse me (for inquiry) 请：(polite) please　问：to ask	L.01.2
去	qù	*v.*	to go	L.03.3

R

生词	拼音	词类	释义	课文
然后	ránhòu	*conj.*	then (HSK3 Word)	L.08.3
让	ràng	*v.*	to let	L.07.1
热	rè	*adj.*	hot	L.05.3
人	rén	*n.*	human, person	L.01.3
认识	rènshi	*v.*	to know, to recognize	L.06.1

S

生词	拼音	词类	释义	课文
三	sān	*num.*	three	L.02.3
商店	shāngdiàn	*n.*	store 商：commerce　店：inn, shop, store	L.08.2
上面	shàngmian	*n.*	on the top of, above 上：on top, above　面：side	L.11.1
上班	shàngbān	*v.*	to go to work 上：to go　班：work	L.04.3
上课	shàngkè	*v.*	to go to class 上：to go　课：class, lesson	L.06.2
上午	shàngwǔ	*n.*	morning 上：on top, upon, above, previous　午：noon	L.04.3
身体	shēntǐ	*n.*	body	L.05.2
什么	shénme	*pron.*	what	L.01.3
生病	shēngbìng	*v.*	to get ill 生：to get　病：illness	L.05.2

续表

生词	拼音	词类	释义	课文
生日	shēngrì	*n.*	birthday 生：to birth, be born　日：day	L.03.4
十	shí	*num.*	ten	L.02.2
时候	shíhou	*n.*	time	L.10.2
时间	shíjiān	*n.*	time	L.07.2
事情	shìqing	*n.*	affair, thing 事：thing　情：situation	L.06.2
是	shì	*v.*	be (am /are /is)	L.01.2
收	shōu	*v.*	to collect (HSK4 Word)	L.10.3
手表	shǒubiǎo	*n.*	watch 手：hand　表：watch	L.10.2
手机	shǒujī	*n.*	mobile phone 手：hand　机：machine	L.03.2
售货员	shòuhuòyuán	*n.*	attendant	L.08.1
书	shū	*n.*	book	L.03.3
书店 *	shūdiàn	*n.*	bookstore 书：book　店：inn, shop, store	L.08.3
舒服	shūfu	*adj.*	fell well (HSK3 Word)	L.05.2
谁	shuí/shéi	*pron.*	who, whom	L.02.2
水	shuǐ	*n.*	water	L.05.2
水果	shuǐguǒ	*n.*	fruit 水：water　果：fruit	L.10.2
睡觉	shuìjiào	*v.*	to sleep 睡：to sleep　觉：to wake up from sleep	L.04.3
顺便	shùnbiàn	*adv.*	in passing (HSK4 Word)	L.10.2
说	shuō	*v.*	to speak	L.06.1
说话	shuōhuà	*v.*	to speak, to talk 说：to say, to tell　话：spoken words, dialogue	L.06.2

续表

生词	拼音	词类	释义	课文
四	sì	*num.*	four	L.02.1
送	sòng	*v.*	to see off	L.12.2
虽然	suīrán	*conj.*	although, even though, even if	L.07.1
岁	suì	*m.*	age, year	L.02.2
所以	suǒyǐ	*conj.*	so	L.07.1
			T	
他	tā	*pron.*	he, him	L.02.2
它	tā	*pron.*	it	L.11.1
她	tā	*pron.*	she, her	L.02.2
太	tài	*adv.*	very, too	L.05.1
踢	tī	*v.*	to kick, to play (e.g. soccer)	L.07.2
题	tí	*n.*	question	L.06.2
天气	tiānqì	*n.*	weather	L.05.1
跳舞	tiàowǔ	*v.*	to dance 跳：to jump 舞：dance	L.07.1
听	tīng	*v.*	to listen	L.06.3
同学	tóngxué	*n.*	classmate 同：same 学：to study, to learn	L.01.1
			W	
完	wán	*v.*	end, finish, complete	L.06.3
玩儿	wánr	*v.*	to play	L.06.3
晚上	wǎnshang	*n.*	night	L.04.2
王	Wáng	*n.*	a Chinese surname	L.01.2
王月	Wáng Yuè	*n.*	a Chinese name	L.01.2
王中	Wáng Zhōng	*n.*	a Chinese name	L.01.2
往	wǎng	*v.*	to go	L.11.3

续表

生词	拼音	词类	释义	课文
为什么	wèishénme	*pron.*	why	L.07.1
喂	wèi	*int.*	hello	L.10.1
问题	wèntí	*n.*	question, problem 问：to ask　题：question	L.06.3
我	wǒ	*pron.*	I, me	L.01.2
我们	wǒmen	*pron.*	we	L.03.4
五	wǔ	*num.*	five	L.02.3

X

生词	拼音	词类	释义	课文
西瓜	xīguā	*n.*	watermelon	L.10.2
希望	xīwàng	*v.*	to hope, to wish	L.06.3
洗	xǐ	*v.*	to wash	L.04.2
洗手间	xǐshǒujiān	*n.*	toilet (HSK3 Word) 洗：to wash　手：hand　间：room	L.11.2
喜欢	xǐhuan	*v.*	to like	L.07.1
下面	xiàmian	*n.*	under, below 下：down, below　面：side	L.11.1
下午	xiàwǔ	*n.*	afternoon 下：down, downwards, later, next (week etc) 午：noon	L.04.2
下雪 *	xià xuě	*v.*	to snow 下：to fall　雪：snow	L.05.1
下雨	xià yǔ	*v.*	to rain 下：to fall　雨：rain	L.05.3
先	xiān	*adv.*	first (HSK3 Word)	L.08.3
先生	xiānsheng	*n.*	sir, Mr.	L.09.2
现在	xiànzài	*n.*	now	L.04.1
想	xiǎng	*aux.*	want to do	L.03.3
向	xiàng	*prep.*	to, towards (HSK3 Word)	L.11.2

续表

生词	拼音	词类	释义	课文
小	xiǎo	*adj.*	small	L.08.1
小姐	xiǎojiě	*n.*	Miss, young lady	L.09.2
小时	xiǎoshí	*n.*	hour	L.04.3
笑	xiào	*v.*	to smile, to laugh	L.09.2
写	xiě	*v.*	to write	L.07.2
谢谢	xièxie		thank you	L.01.1
新	xīn	*adj.*	new	L.08.3
星期	xīngqī	*n.*	week 星期一：Monday　星期二：Tuesday　星期三：Wednesday　星期四：Thursday　星期五：Friday 星期六：Saturday　星期天（日）：Sunday	L.03.1
姓	xìng	*v.*	one's surname is	L.01.3
休息	xiūxi	*v.*	to rest	L.05.2
学生	xuésheng	*n.*	student	L.01.2
学习	xuéxí	*v.*	study 学：to learn　习：to practice	L.06.3
学校	xuéxiào	*n.*	school 学：to study, to learn　校：school	L.03.3

Y

生词	拼音	词类	释义	课文
颜色	yánsè	*n.*	color 颜：color　色：color	L.08.2
眼睛	yǎnjing	*n.*	eyes	L.10.1
药	yào	*n.*	medicine	L.05.2
要	yào	*aux.*	will, be going to, should	L.06.2
也	yě	*adv.*	also, too	L.03.3
一	yī	*num.*	one	L.02.1
（一）点儿	（yì）diǎnr	*pron.*	a little, a bit	L.05.2

续表

生词	拼音	词类	释义	课文
一直	yìzhí	*adv.*	to go straight (HSK3 Word)	L.11.2
一边	yìbiān	*adv.*	one side (HSK3 Word)	L.12.3
一起	yìqǐ	*adv.*	together	L.03.4
一下	yíxià	*m.*	(used after a verb) give it a go, to do sth	L.11.1
(一)些	yìxiē	*m.*	some, a few	L.08.1
衣服	yīfu	*n.*	clothes	L.04.2
医生	yīshēng	*n.*	doctor	L.05.2
医院	yīyuàn	*n.*	hospital 医：medical　院：courtyard, yard	L.05.2
已经	yǐjīng	*adv.*	already	L.11.1
椅子	yǐzi	*n.*	chair 椅：chair　子：noun suffixes	L.11.1
意思	yìsi	*n.*	meaning	L.06.1
因为	yīnwèi	*conj.*	because	L.07.1
阴	yīn	*adj.*	cloudy	L.05.3
游戏	yóuxì	*n.*	game (HSK3 Word)	L.10.1
游泳	yóuyǒng	*n.*	swimming	L.07.1
		v.	to swim	
有	yǒu	*v.*	have, has	L.02.1
有时候	yǒu shíhou		sometimes	L.07.2
有意思 *	yǒu yìsi		interesting	L.12.3
又	yòu	*conj.*	(once) again	L.10.1
右边	yòubian	*n.*	right 右：right　边：side	L.11.2
远	yuǎn	*adj.*	far	L.12.2
月	yuè	*n.*	month	L.03.1

续表

生词	拼音	词类	释义	课文
运动	yùndòng	*n.*	sport	L.07.1
		v.	to play sports	

Z

生词	拼音	词类	释义	课文
再	zài	*adv.*	again	L.09.2
再见	zàijiàn		good bye 再：again　见：to meet	L.01.1
在	zài	*prep.*	at, to be located in/at, to be in the process of	L.04.3
		v.	to exist	
早上	zǎoshang	*n.*	morning	L.04.3
怎么	zěnme	*pron.*	how	L.05.2
怎么样	zěnmeyàng	*pron.*	how, how about, what about	L.05.1
张	zhāng	*m.*	piece (HSK3 Word)	L.10.3
张红	Zhāng Hóng	*n.*	a Chinese name	L.08.3
长	cháng	*adj.*	long	L.08.2
丈夫	zhàngfu	*n.*	husband	L.02.2
找	zhǎo	*v.*	to look for	L.11.1
这个	zhège	*pron.*	this	L.02.2
这儿	zhèr	*pron.*	here	L.11.3
着	zhe	*part.*	an aspect particle	L.09.2
真	zhēn	*adv.*	very	L.09.2
		adj.	real	
正在	zhèngzài	*adv.*	in the process of an action	L.10.1
支	zhī	*m.*	classifier for rods such as pens (HSK5 Word)	L.08.3
知道	zhīdào	*v.*	to know	L.06.1
中国	Zhōngguó	*n.*	China	L.01.3

续表

生词	拼音	词类	释义	课文
中午	zhōngwǔ	*n.*	noon 中：middle 午：noon	L.04.2
种	zhǒng	*m.*	classifier for types, kinds, sorts (HSK3 Word)	L.08.3
住	zhù	*v.*	to live	L.12.1
转	zhuǎn	*v.*	turn (HSK4 Word)	L.11.2
准备	zhǔnbèi	*v.*	to prepare	L.06.2
桌子	zhuōzi	*n.*	desk, table 桌：desk, table 子：noun suffixes	L.11.1
自行车	zìxíngchē	*n.*	bike, bicycle (HSK3 Word) 自：self 行：to move 车：car	L.12.3
字	zì	*n.*	character	L.06.1
走	zǒu	*v.*	to leave, to walk	L.09.2
走路	zǒulù	*v.*	by walk 走：to walk 路：road	L.12.3
足球	zúqiú	*n.*	football 足：foot 球：tball	L.07.2
最	zuì	*adv*	most, least	L.07.1
最后	zuìhòu	*n.*	at last (HSK3 Word) 最：the most 后：back, later	L.08.3
昨天	zuótiān	*n.*	yesterday 昨：yesterday, past 天：day	L.03.1
左边	zuǒbian	*n.*	left 左：left 边：side	L.11.2
坐	zuò	*v.*	to take (a vehicle)	L.12.1
做	zuò	*v.*	to do	L.03.3